Bibliografische Information der Deutschen Nationalbibliothek:
Die Deutsche Nationalbibliothek verzeichnet diese Publikation in
der Deutschen Nationalbibliografie; detaillierte bibliografische
Daten sind im Internet über dnb.dnb.de abrufbar.

Autor: Robert Neuner
Lektorat: Angela Hochwimmer
Coverfoto: Pixabay
Covergestaltung: BOOKUNIT
Layout: Uwe Köhl

Herstellung und Verlag: BoD – Books on Demand, Norderstedt

ISBN: 978-3-752646-5-80

Robert Neuner

Worte aus dem Licht

Poesie

Vorwort

Ich heiße Robert, bin 29 Jahre alt und stamme aus Bad Tölz, Oberbayern. Seit meiner Kindheit bringe ich meine Zeilen zu Papier: anfangs nur sporadisch, doch seit 2016 in steter Regelmäßigkeit einer treuen, mir ans Herz gewachsenen Leserschaft auf Facebook und Instagram (Robert Neuner Autor) darbietend.

Meine Texte handeln von Leidenschaft und Liebe, von Schmerzen und von Hoffnung. Vom Glauben an die unzerstörbare innere Stärke, die uns allen innewohnt und uns beseelt. Mein Traum ist es, das Schreiben zum Beruf zu machen, und ich weiß, dass ich es schaffe. Denn wir alle tragen das tief verankerte Geburtsrecht in uns, unsere Wünsche wahrzumachen.

Danke an jede einzelne Seele, die immer an mich geglaubt hat und es bis heute tut. Das hier ist für euch – und für jeden Menschen, der nach einem Antrieb sucht für den Motor seiner Sehnsucht.

Alles Liebe und viel Spaß beim Lesen.

Es war ein Traum, nicht mehr: nur etwas aus dem Reich der Schatten, das versucht hat, dich auf völlig infernale Art und Weise kleinzukriegen und zu schwächen – etwas, das im Leben nie so stark sein wird wie meine Liebe, die dich schützt und zudeckt in den Nächten, die wir uns im Schein des Mondes lieben und wie Kinder frei und unbesorgt dem Sein als Menschenseelen huldigen …

ജ✧ca

Da ist eine wunderschöne, junge Frau, die vor mir steht, und auch ein Mädchen, das sich unverstanden fühlt und wütend ist – immer dann, wenn diese Welt es nicht zu schätzen weiß und die Liebe, die es gibt, als ungestalt und nicht begehrenswert erachtet …

ജ✧ca

Ich verzehre mich nach dir, nach deiner nackten Haut, nach deinem Herzschlag unter meinen dich berührenden, liebkosenden Händen. Und ich ersehne unser Wiedersehen wie sonst nichts auf dieser Welt – mehr noch als den nächsten Atemzug, den ich voller Vertrauen in meine Lungen lege. Und die Dramatik, die Dringlichkeit, die sich auf meine Worte legt, war wohl so noch nie vorhanden in der Geschichte zweier Seelen, die getrennt voneinander ausharren und sich durch die Sommer und die Winter hier auf Erden kämpfen mussten …

Es ist die Art, wie du die Worte sprichst, wie du die Sätze aneinanderreihst und dich, den dunklen Nächten trotzend, aus den Stürmen deines Seins befreist und dich erhebst wie eine Feder, die das Feuer nicht zerstören kann. Drum wird mir, auf wunderschöne Art und Weise, flau im Magen, wenn du mit mir bist und wir den Schatz des Lebens suchen wie zwei Kinder, die den Spaß am Leben nie verloren und das Glück im Herzen tragen. Ach, mein Mädchen: Lass uns durch die Nächte laufen und das wiederfinden, was uns vor so langer Zeit abhandenkam – lass uns der Liebe einen neuen Anstrich und einander Freude schenken …

ℬ✧ℛ

Es bedarf wohl einiger Arbeit, all das vergessen zu machen, was diese Unholde dir angetan haben. Und, um ehrlich zu sein, ist dieses Unterfangen wohl schon von vornherein von einem dunklen Schleier der Hoffnungslosigkeit umgeben. Oder etwa doch nicht? Kann ich dich vielleicht doch noch daran erinnern, wie einzigartig du auf Erden weilst und dass es einen Grund gibt, warum du noch hier bist und dein wundervolles Herz noch schlägt? Ich bin zuversichtlich, ja, das bin ich …

Ich bin nicht wie die anderen: ich erzähle dir nicht, dass du geile Titten und einen süßen Arsch hättest. Was nicht heißt, dass ich anderer Meinung bin als sie. Doch ich bitte dich: Die Zuneigung zur weltlichen Silhouette, zur betörenden Äußerlichkeit einer Frau, kann man doch viel eleganter, viel einfühlsamer und erquickender zum Ausdruck bringen als durch diesen ganzen simplen, kruden und gar groben Wortsalat, den sie Tag für Tag in deine Öhrchen sabbern und der jeden Sinn für Poesie und Dichtung, für schöne Töne und Belebendes vermissen lässt. Und so gebe ich dir ganz allein mit Worten mehr, als es jeder Mann mit seinen Händen bis hierher nur schaffen konnte – sofern du natürlich gewillt bist, dies zuzulassen …

୫୦❖ର୍ଷ

Alle suchen die Liebe, doch nur die Wenigsten wissen sie auch zu erkennen, wenn sie vor der Türe steht und Einlass begehrt bzw. machen aus Angst vor Verletzungen erst gar nicht auf. Liebe braucht Mut: Mut, alte, negative Erfahrungen aus der Vergangenheit, der Zeit, in der sie geschehen sind, zu belassen und neue Chancen, ein neues Spiel zuzulassen. Denn wer nicht wagt, der nicht gewinnt, wer nicht loslassen, der niemals fliegen kann …

૭૦✧ભ

Die schlechten Gedanken über dich, denen du all die Jahre Glauben geschenkt hast: Sie sind nicht mehr als nur Phantome, die den Ängsten deiner Seele entsprungen sind – und es gibt nun keinen Grund mehr, ihnen deine Zuversicht und Kraft zu opfern und dich selbst daran zu hindern, Freiheit und Erkenntnis in dein leiderprobtes Herz zu atmen …

૭૦✧ભ

Oft versuchen wir es nicht einmal und beschweren uns schon im Voraus darüber, dass es nicht klappen kann – ohne je einen Finger dafür krumm gemacht, ohne je einen Tropfen Schweiß und Blut dafür geopfert und uns angestrengt, uns wirklich dafür eingesetzt zu haben. Dabei ist da so viel Potenzial und Kampfgeist, so viel Wille und ein Meer an Wünschen in uns, das auf uns, auf unser Schiff der Sehnsucht wartet, um uns an das Ende uns'rer Träume zu geleiten: hin zum Eiland großer Freude und Unsterblichkeit. Und wenn wir uns nur endlich trauen und uns überwinden würden, wären die Götter ganz gewiss nicht abgeneigt, uns mit Sympathie im Herzen zu bedeuten, welcher Weg der beste durch den schweren Sturm des Lebens und die Nächte ohne Sterne ist …

Ich habe mein Leben lang darauf gewartet, dich zu treffen, mit dir eins zu werden: mal verzweifelt und mit Aussichtslosigkeit in meiner Seele, mal voll Zuversicht und mit der Gewissheit im Herzen, dass es eines Tages so sein und auch geschehen wird. Und dann, als es tatsächlich so weit war, liefen Tränen der Freude, der Erleichterung über meine Wangen und tropften auf den grauen, kalten Boden wie der Regen, der in den Wolken geboren und auf diese Erde entsandt wurde – der mit der Rettung ihrer Blumen und Bäume betraut wurde …

ꙮ ✧ ꙮ

Komm zu mir, auf leisen Sohlen; so leise, dass sie dich nicht hören, dich nicht fangen und vor mir verstecken, dich mir rauben und entführen können. Komm zu mir, komm immer näher: so nah, dass ich deinen Atem auf meiner verletzten, meiner aufgeschürften und in Mitleidenschaft gezog'nen Haut verspüren und dich fest umarmen, dich beschenken und dein leeres Quantum Leben mit einer Liebe füllen kann, die es nirgends sonst so gibt auf einer Welt, die beherrscht wird von Gestalten, die im Dunkeln lungern und dir mit dem Geist von kleinen Jungen glaubhaft machen wollen, dass sie gestandene, wahrhafte Männer seien …

Ich bin der, der ich sein möchte und lebe die Rolle, in der ich mich am wohlsten fühle: mal steinhart und unzugänglich, mal sensibel und mit einem einfühlsamen Ohr gesegnet, dass sie meinen, ich sei sowas wie ein Seelentröster. Doch egal, in welch Gewand ich mich auch kleiden mag, egal, wie sonderbar und strange ich auch erscheinen mag: Ich bin immer ich und ganz gewiss kein anderer. Und wenn du die Worte hörst, die ich dir in den Nacken lege, wenn du spürst, wie sie dich wie ein weiches Tuch von hinten sanft umarmen, sei dir sicher, dass auch jedes einzelne davon wahrhaftig und voller Liebe ist …

෨✧ଓ

Es ist in Ordnung, sich ab und an mal aufzugeben, ist in Ordnung, hin und wieder keinen Sinn in allem zu erkennen und einzuknicken wie ein Baum, der sich dem Sturm ergibt, glaube mir. Denn manchmal muss man sich erst einmal verloren haben, um dem Menschen zu begegnen, der man wirklich ist im Herzen. Doch was zählt, ist einzig und allein, dass man sich von Zeit zu Zeit wieder aufrappelt und es doch noch einmal versucht – wenn man meint, wieder genügend Kraft zu haben und bereit ist, das Dunkel, die Trostlosigkeit seines Lebens zu verlassen …

꧁✧꧂

Großartige Veränderungen gehen niemals ohne Ge-
burtswehen vonstatten. Und was heute noch wehtut,
ist morgen nur noch ein kleiner Kratzer, eine leichte
Blessur, die uns allenfalls ein mildes Lächeln ent-
lockt und daran erinnert, wie weit wir doch gekom-
men sind …

꧁✧꧂

Sommernächte ohne Leidenschaft, ohne Liebe auf
der Haut, im Herzen, sind vergeudete, verschwendete
Nächte ohne Leben, ohne Freude und die Aussicht
auf ein Feuerwerk, das die Dunkelheit erhellen und
uns den Weg in eine bessere, eine schönere und von
nie gesehenen Farben gezeichnete Zukunft zeigen
kann – wusstest du das denn nicht?

꧁✧꧂

Ein Kuss kann ungeahnte, weitreichende Folgen
haben: Er kann dazu führen, dass wir immer mehr
möchten, dass wir immer höher fliegen und nie zur
Besinnung kommen, niemals auf dem Boden der
Tatsachen landen und uns wiederfinden, uns befreien
möchten aus einem farbenfrohen, von Leidenschaft
geschürten Spektakel, das die Seelen zweier Men-
schen eint und sie einander näherbringt, als sie es
im Leben je für möglich hielten …

Das Hier und Jetzt: Es ist alles, was wir besitzen, was wir mit ganzer Entschlossenheit greifen und in unseren Händen halten und erforschen können – und so auch uns, meine treue Gefährtin, die niemals müde werden wird davon, mit mir den Sternen am Horizont und einem Happy End nachzujagen …

Was auch immer es ist, das dich geißelt und nicht schlafen lässt: ich werde es von dir nehmen und zurück an die Dunkelheit geben, aus der es hereingebrochen ist über dich und dein seelisches Idyll, über dein Eiland der Vollkommenheit – über diese unbescholtene Welt, die sich nach nichts mehr sehnt als nach Herzlichkeit und Frieden …

Sein stärkster Muskel ist sein Bizeps, meiner ist mein Herz. Und da ich weiß, wen du am Ende wählen wirst, lege ich mich unter der alten Linde ins Gras und warte geduldig, bis du dich zu mir gesellst und wir wieder eins sein und uns lieben dürfen – die warme Sommersonne, die durch die vom Wind umgarnten Wipfel der Bäume dringt, auf meiner Haut und meiner von Sehnsucht geküssten Seele …

Natürlich schau ich auf deine Brüste: weil dein Herz
dahinterliegt. Und natürlich fall ich in die Tiefe,
wenn du mit mir bist: immer weiter und viel weiter –
und das so lange, bis ich wieder neben dir in weißen
Federn liegen und dich in meine Arme schließen,
dich an meiner Seite wissen und genießen darf …

ᘓ✧ᘔ

Dein Körper, wie er so daliegt, wie er sich vor meinen
Augen räkelt und sich schlängelt voller Lust: Er ist
all das, was ich mir mit einem zufriedenen Lächeln
auf den Lippen zu eigen machen und besitzen möchte
– nur, um ihn, um dich kurz darauf wieder freizu-
lassen und dir zuzusehen, wie du, wie deine wunder-
schöne, durch diese Zeiten reisende Seele, voller
Anmut ihre Runden am Himmel, über den Dächern
dieser Stadt und ihren Straßen, ihren nach Erkenntnis
strebenden Menschen zieht …

ᘓ✧ᘔ

Lass uns in genau dem Flow bleiben, in dem wir
gerade sind; lass uns genießen, lass uns dankbar sein
dafür, dass es uns gibt, dass wir da sein dürfen für-
einander und uns in jeder dieser Nächte wiederfinden
dürfen unter einem Gemälde aus Lichtern, das nicht
einmal Da Vinci derart ästhetisch auf die Leinwand
dieser Erde hätte bannen können …

Es gibt nichts Befreienderes, nichts Beflügelnderes, als der Mensch zu sein, der man wirklich ist im Herzen, als das nach außen zu kehren, was tief im Inneren, in den versteckten Winkeln des eigenen Ichs schlummert und seit Anbeginn der Zeit versucht, seinen Weg in die Weiten dieser faszinierenden, von Magie beseelten Welt zu suchen. Und ganz gleich, wie sie auch urteilen, wie sie sich auch darüber lustig machen oder sich in falscher, irrationaler Überheblichkeit darüber zu erheben versuchen mögen: Es gibt nichts, was einem Menschen mehr Befriedigung schenkt, als der Freigeist zu sein, der er ist in Wirklichkeit. Denn um uns selbst geht es hier in diesem Spiel, nur um uns selbst: um die Erfüllung unserer tiefsten Sehnsüchte – um den Ausdruck dessen, was wir mit auf diese Erde brachten, als wir Zugang zu den schier unendlichen Möglichkeiten des irdischen Seins gewannen und uns geschworen haben, nie mehr das Licht unserer Seele und unser unverfälschtes, wahres Potenzial zu verraten ...

ഔ✧ദ

Sie waren mit dir in der Kiste, ich mit dir im Paradies – und die erste unserer Nächte sollte nur der Startschuss sein für etwas, das uns von da an vollends verzaubern und in seinen Armen wiegen sollte wie eine liebende, fürsorgliche Mutter ...

ဢ ✧ ◌ჽ

Küss mich, als wäre es das Letzte, das du zu tun gedenkst, umarme mich, als wären wir die letzten beiden Geister, die durch diese menschenleeren, verlassenen Hallen irren. Hilf mir hoch, bevor ich zu versinken, mich nicht mehr zu finden drohe. Ach, was rede ich: Bleib bei mir und steh mir bei in dieser alles entscheidenden Phase, diesen letzten dunklen Stunden vor dem lang ersehnten Sonnenaufgang – und finde dich wieder mit mir in einem Paradies, das diese Erde so nie glaubte, erleben zu dürfen …

ဢ ✧ ◌ჽ

Liebe kennt viele Ausdrucksformen: Manch einer bevorzugt exquisite, teure Gaben und Geschenke, die seiner Zuneigung, seiner Begierde, die er für sein Gegenüber hegt, Ausdruck verleihen sollen. Ich für meinen Teil halte, neben einem sanften Reigen von Zärtlichkeiten und liebevollen Berührungen, von gelebtem Verständnis und unverbrüchlicher Gefolgschaft meiner Gefährtin gegenüber, das geschriebene Wort für das größte Geschenk, das man einer Menschenseele machen kann – denn erlaubt es ihr doch, in ihren schwersten Stunden darauf zurückzugreifen und sich dessen bewusst zu werden, welch hohen, unersetzbaren Wert sie doch hat in Wahrheit …

ಐ✧ಐ

Ich frage mich, ob es falsch ist, mir vorzustellen, wie ich ihr voller Leidenschaft den Kuss der Sehnsucht auf die Lippen lege, wie ich sie verführe und das Feuer der Begierde mit ihr schüre.

Ob es mir denn überhaupt erlaubt ist, mir all diese Dinge auszumalen, wo wir doch zwei völlig Fremde sind? Doch wenn ich sie nicht kenne, wieso fühle ich mich dann so wohl, wenn ich in ihre Augen sehe? Wieso kann ich dann nicht aufhören, von ihr zu schwärmen und mich ihr im Traum zu nähern?

So viele Fragen und so wenig Antworten, zumindest auf der Ebene des simplen, menschgemachten Denkens. In jedem Fall weiß ich, dass ich mich in ihrer Gegenwart wohlfühlen würde, dass ich ihr vertrauen könnte, auch wenn sich das total verrückt anhört.

Ich bin müde, es ist schon spät. Ich werde mich nun ins Bett legen und sie auf der anderen Seite des Verstandes treffen – dort, wo jeder Traum zur Wahrheit wird und selbst das größte Leid geruhsam schweigt. Ich werde mich an sie schmiegen und sie dort berühren, wo ihr Herz es sich am meisten wünscht, ja, das werde ich …

Diese Welt ist ein durch Bewusstsein verursachter Traum, eine durch Gedanken und Gefühle erschaffene Simulation. Doch wenn du in meinen Armen liegst, dann sei sicher, dass meine Liebe wahrhaft und nicht simuliert ist – dass alles, was ich dir in die Hände lege, aus den Tiefen meines Herzens entspringt und auf unbestreitbarer Ehrlichkeit beruht …

ಐ ✧ ಜ

Und wenn wir uns im Schein des Feuers vom Lärm dieser Welt ausruhen, wenn du dich an mich schmiegst und dich mir hingibst, sind da sehr wohl noch Sorgen, die aus deinem Herzen zu mir sprechen – doch ich antworte ihnen mit all der Liebe, die mir innewohnt, und lege sie schlafen …

ಐ ✧ ಜ

Was du verdient hast? Ich sage dir, was du verdient hast: einen Menschen, der dich liebt mit all deinen Makeln, der nicht wegschaut, wenn deine Schattenseiten zum Vorschein kommen, der Licht ins Dunkel deiner Seele bringt und eine Aufladestation ist für dein vom Leben geschwächtes Herz – der bis zum Ende bei dir bleibt und nicht das Weite sucht …

Da du keinen Charme, keine Intelligenz oder ander-
weitige Qualitäten aufweist, musst du in der Gegend
herumschreien und den Großen markieren, musst du
gestikulieren wie ein Urzeitmensch aus archaischer
Vorzeit, um dir reelle Chancen bei ihr ausrechnen
zu können. Und während du verzweifelt versuchst,
durch dein pseudo-männliches Gehabe Eindruck bei
ihr zu schinden, sitze ich amüsiert hier und genieße
deine kläglichen Versuche, dir mit einem zügellosen
Mundwerk Eintritt in ihr Seelenreich zu verschaffen.
Genau genommen warte ich geduldig, bis du dich
vollends zum Affen gemacht und dein letztes Pulver
verschossen hast – und werde dann mal ruhig und
gelassen zu ihr rüberschauen und sie fragen, ob sie
es denn gut verkraftet hat mit dir. Und wer weiß:
Vielleicht ist sie ja durchaus an einem kleinen
Pläuschchen interessiert, das viel tiefgründiger ist
als das, was Typen wie du fähig sind, einer Frau in
die Ohren zu legen. Es wird kein angeberisches Hallo
sein, das ich ihr zur Begrüßung schenke, nein. Doch
es wird ausreichen, um sie davon zu überzeugen,
dass meine Absichten nicht böse, sondern edel sind.
Ach, Freundchen, in der Ruhe liegt die Kraft, wusstest
du das denn nicht? Als ob sie nicht merken würde,
dass dein Getue nur deine Unsicherheit kaschieren
soll, du meine Güte …

෨✧ଓ

Wenn wir zu lange zögern, kann es passieren, dass unser ganzes Leben sang- und klanglos, ohne die geringste Aussicht auf ein Abenteuer, auf eine Achterbahnfahrt der großen Gefühle, an uns vorüberzieht – und wir uns am Ende ein letztes Mal betten und es bereuen, nicht gehandelt, uns nicht auf die Jagd nach unseren Träumen, unseren nicht gelebten, unerfüllten Sehnsüchten gemacht zu haben …

෨✧ଓ

Wer ist da für die Menschen, die anderen immer sagen, dass alles gut wird? Wer ist da für sie und nimmt sie in den Arm und tröstet sie? Wer sagt ihnen, dass sie nicht immer stark und unverletzbar wirken müssen, dass es auch okay ist, sich mal an den Regen und den Wind zu geben – dass sie auch mal weinen und verletzlich sein dürfen? Ich möchte da sein, ich möchte da sein für dich und dich in den Arm nehmen, wenn alle anderen dich verlassen und verraten haben …

෨✧ଓ

Es ist nur menschlich, dass man sich irgendwann verschließt, wenn man nur Idioten kennenlernt – doch eine Tür, die einmal geschlossen ist, hält nicht nur Regen und Unwetter draußen, sondern auch die wohltuenden, heilsamen Strahlen der aufsteigenden Sommersonne …

៩✧ɕ

Sich selbst zu lieben, mag ein gut gemeinter Rat-
schlag sein, doch wird er nur schwer umsetzbar sein
für jene, die sich ihr Leben lang anhören mussten,
wie wertlos und überflüssig sie doch seien. Doch
vielleicht ist es an uns, diesen Menschen zu sagen,
dass sie kostbar sind und einen ersetzbaren Wert
besitzen – dass sie das unumstößliche Geburtsrecht
besitzen, sich selbst als einzigartig und wundervoll
anzusehen …

៩✧ɕ

Ich komme nicht zur Ruhe, außer, ich bin mit dir.
Ich zweifle an mir und meinen Fähigkeiten, außer,
du bist bei mir und hältst mich fest und lässt nicht
los, bis ich die Augen schließe und mich vom Früh-
lingswind durch meine Träume tragen lasse. Ich
verliere mich in diesen grauen Tagen, finde nicht
mehr zu mir und erkenne nicht den Sinn – außer, du
begleitest mich auf meinen Wegen durch die Nächte
und den Nebel, der die Aussicht trüb und meine
Augen müde werden lässt. Du lebst in einer anderen
Welt als ich, einer Welt, in der so vieles angenehm
und liebevoll erscheint. Doch das hindert dich nicht
daran, jedes nur erdenkliche Gebet für mich anzu-
stimmen und mich zu unterstützen auf meiner
schicksalhaften, beschwerlichen Reise: wann immer
ich dich rufe und dich bei mir haben möchte …

ജ✧ഝ

Manchmal reicht schon ein beruhigendes Wort, eine kleine Geste, um den Menschen, die einem etwas bedeuten, zu zeigen, dass das Leben doch nicht so beschwerlich ist, wie es erscheint – dass es Hoffnung gibt, auch wenn es hoffnungslos erscheint, und sich die Sonne nach der dunklen Nacht am Himmel zeigen wird …

ജ✧ഝ

Und wenn du meinst, dass dir das alles nicht zusteht, wenn du dich fragst, warum gerade du und nicht irgendeine andere, dann sei dir sicher, dass sie niemals lächeln werden können wie du, dass ich mich nur in deiner Gegenwart erinnert fühle an eine gute, wohlbehütete Zeit – eine Zeit, von der ich nicht einmal weiß, wann genau sie gewesen ist, eine Zeit, in der du mit mir gemeinsam in den Wolken gelegen bist und wir uns beschützt haben vor allen Gefahren, die sich unserer Herzen bemächtigen wollten …

ജ✧ഝ

Wenn du verzweifelt und entkräftet auf ein Wunder hoffst in deinem Leben, dann schau mal in den Spiegel: Das Wunder bist du. Und wenn deine Blicke nach draußen in diese Welt schweifen, um ein kleines Stückchen Schönheit zu erhaschen, dann erinnere dich daran, dass du sie in dir, in deiner wundervollen Seele findest – und nirgends sonst …

Ich bin der Kerl, der dir zeigt, dass nicht alle Männer 'so' sind. Und ich tue es ganz nebenbei und völlig unbewusst: Ich bin einfach, wie ich bin, und vorrangig an einem geistreichen Austausch, einem Tanz im Schein der am Horizont entschwindenden Sommersonne interessiert. Und wenn wir in der Kiste landen miteinander, dann sage ich gewiss nicht nein – doch erzwingen muss ich nichts, meine Liebe ...

Unsere Seelen begegnen sich im matten Schein des Kerzenlichts, um uns herum nichts als Dunkelheit. Wir gehen auf Tuchfühlung jetzt, und es gibt nichts, was sich noch zwischen uns stellen, was uns noch daran hindern könnte, eins zu werden und uns zu vereinen. So viel Schönheit in einem irdischen Wesen, so viel Vielfalt und Vollkommenheit in einem einzigen Menschen, der geboren ist auf dieser Welt, ich bin sprachlos ...

Ich schau nicht mehr zurück jetzt, auch wenn es noch weh tut. Und ich werfe eine Münze in das Fernrohr, das mir meine Zukunft zeigt am Horizont – und wenn du möchtest, darfst du gerne mit mir kommen auf die große Reise, die uns an einen Ort entführt, der uns vergessen lässt, was uns am Boden hält und uns am Glücklichsein, am Leben hindert ...

ഇ ✧ cs

Kann es sein, dass du noch immer dem kleinen Mäd-
chen in dir Ausdruck verleihst, das vor vielen Jahren
verurteilt und gebrandmarkt wurde, das seines Wertes
bestohlen und zurückgelassen wurde? Dass du laut
um Hilfe rufst dieser Tage und auf der Suche bist
nach dir selbst, nach deinem Herzen? Ist es mög-
lich, dass du dich noch immer kleiner machst, als du
bist in Wahrheit? Ach, was rede ich: Wenn du dich
durch meine Augen sehen könntest, so würdest du
begreifen, dass keines ihrer bösen Worte wahr und
von Bedeutung ist …

ഇ ✧ cs

Es scheint fast so, als hätte sich so mancher schon
vor ihr zum Clown gemacht – und das nur, um an
ihrem Herz zu saugen und es zum Erliegen zu brin-
gen. Doch wenn sie mir Zugang zu den Gemächern
ihrer Weiblichkeit gewährt, bringe ich es wieder in
den Takt wie eine Schweizer Uhr …

ഇ ✧ cs

Wir sind nur Gäste auf dieser Welt und es gibt nichts,
was wir nach unserem Ableben mitnehmen könnten
von hier – doch kann ich nicht wenigstens dich für
mich behalten? Besteht nicht die Möglichkeit, dich,
das Beste, das ich hier je treffen durfte, mitzunehmen
auf die letzte Reise durch den Kosmos? Ich wünschte
es so sehr …

Wäre ich in jenen Stunden bei ihr gewesen, hätte ich den bösen Jungs, die sich an ihrem Herz zu schaffen machten, gelinde gesagt, den Arsch aufgerissen. Und das sage ich nicht nur so, nein, ich meine es auch so: ich hätte höchstpersönlich dafür gesorgt, dass sie in die tiefsten Abgründe der Unterwelt verbannt worden wären, dass sie nie mehr hätten wiederkehren dürfen und am Spiel um ihre Gunst hätten teilnehmen dürfen. Doch dem war nicht so, denn ich war weg, war weit weg und nicht an ihrer Seite.

Wie dem auch sei, es tut ja jetzt auch nichts mehr zur Sache: was hätte sein können und was nicht. Denn ich denke, dass alles im Leben schon seinen Sinn so hat, wie es ist. Und vielleicht bin ich auch einfach nur hier, um sie daran zu erinnern, wie wundervoll und rein das Licht in ihrer Seele scheint und sich mir zeigt.

Und vielleicht ist sie bei mir, um mir klarzumachen, dass es doch noch Hoffnung und einen Weg gibt für mich auf dieser Erde – einen Weg, der nicht im Wahnsinn endet …

ഔ✧ര

Wenn zwei sich finden, die es sich wert sind, ihre eigenen Probleme beiseitezuschieben, um die ihres Gegenübers zur Lösung zu geleiten, ist Liebe meist nicht weit …

ಬಿ♦ಣಿ

Liebst du mich noch? Ich weiß, dass unsere Liebe im letzten Leben geendet ist – doch jetzt, wo wir uns wiedergefunden haben, erkennst du mich da noch? Erkennst du noch den Glanz in meinen Augen, der dich einst bewundert hat und dir verfallen ist? Ich erkenne ihn, in jedem kleinen Augenblick: in den Lichtern deiner Seele, die so hell durch meine Nächte scheinen und mich wärmen ...

ಬಿ♦ಣಿ

Jeder von uns ist dazu auserwählt, seinen Träumen eine herzhafte Umarmung zu schenken und ihnen das Leben einzuhauchen, das sie benötigen, um sich über die Dunkelheit hinwegzuheben, ausnahmslos jeder – manche wollen es nur noch nicht wahrhaben ...

ಬಿ♦ಣಿ

Ich stelle mich hier hin, unverfroren und frech. Und behaupte, dass ich mehr befähigt bin zu lieben als du. Warum? Weil ich dich aus der Reserve locken möchte, weil ich dich auf subtiler, seelischer Ebene verführen möchte, deswegen. Weil ich weiß, dass das Feuer in deiner Brust mindestens genauso stark brennt wie meines – und ich es spüren, es genießen möchte ...

∞✧∞

Wenn es sich richtig anfühlt, soll es nichts auf dieser Erde geben, das es stoppen und zum Stillstand bringen kann. Wenn es unser Herz zum Blühen bringt, wenn es uns're Seelen lächeln und sie atmen lässt, soll keine Regenwolke dieser Welt es schaffen, es uns vor der Nase wegzuschnappen – und wenn du dasselbe für mich fühlst wie ich für dich, sollst nur du das Mädchen sein, das meine Herzenspforten öffnet und mich dort in Sehnsucht schwelgend auf sie warten sieht …

∞✧∞

Ich liebe diese Tage, die getränkt in Regen und die Trauer grauer Wolken sind – an denen wir vor Blitz und Donner Zuflucht finden und die kalten Hallen alter Einsamkeit mit Vergebung und mit Leben füllen. Und wenn sich die Sonne auch noch so lang verstecken mag: Ich weiß, dass du immerzu bestrebt sein wirst, mir den Garten Eden zu zeigen und die Sorgen meines Daseins von mir zu nehmen …

∞✧∞

Du denkst, du seist nichts Besonderes, seist nicht großartig und völlig unbedeutend auf der weiten See der Seelen, die die Reise Richtung Licht auf sich genommen haben. Doch ich sage dir: Wenn auch nur ein Stern am Himmelszelt verlorenginge, wäre er nie mehr derselbe, der er einmal war …

Sie ist nicht perfekt, ist voller Zweifel und sehr hart zu sich und ihrem Herzen. Sie ist sehr reserviert und manchmal zickig, ist nicht leicht zu nehmen und auch schon mal starker Tobak für die Menschen um sie herum. Doch das hat schon seine Gründe, keine Frage. Und genau das macht sie so anziehend, so menschlich und verletzlich: das und ihre Aura, der ich nicht zu widerstehen weiß. Und jedes meiner Worte, die ich ihr voller Bewunderung widme, hat sie auch verdient, jedes einzelne davon. Und wenn wir uns als Geister in den Nächten treffen, flüstert sie mir leise ins Ohr, dass ich nicht aufhören soll damit, ihr Liebe zu schenken – und das so lange, bis wir wieder heil und ganz geworden sind und uns erheben dürfen wie zwei Adler, die vereint dem Sonnenlicht entgegenfliegen …

Wir schließen nicht für immer unsere Augen, nur für einen kleinen Moment – und sind schon drüben, dort, wo die Seelen, die vorausgegangen sind, uns erwarten und in ihre Arme schließen. Und wenn unser Atem flach und unser Puls lautlos wird, ist das erst der Anfang eines Wiedersehens, das alle Sehnsucht von unseren Herzen nimmt und uns vereint …

Es ist keine reißerische Behauptung, wenn ich dir sage, dass du mehr wert, dass du vollkommen bist – dass du alleine dich ins Glück befördern und all das, was dir im Geiste vorschwebt und du erreichen willst, als möglich betrachten und erschaffen kannst. Oder glaubst du etwa ernsthaft, es sei ein Zufall, dass du deinen ganz eigenen Fingerabdruck auf das Blatt des Lebens drückst? Du bist kein erloschener Planet in einem Meer aus Sternen: Du bist der Mond am Himmel, der den Weg durchs Dunkel kennt …

ഇര ✧ രു

Wir fahren in meinem Auto Richtung Sonnenuntergang, du stöberst durch meine Playlist und lauschst den Klängen meiner Lieder. Dein Haar verliert sich im warmen Sommerwind, meine Blicke wandern still und unbemerkt über deinen wunderschönen Körper, immer und immer wieder. Ja, ich kann es immer noch nicht glauben, dass du mit mir bist und wir uns gefunden haben. Und plötzlich hast du ein Lied gefunden, das dir besonders gut gefällt und du drehst die Anlage auf und umschließt meine Hand mit deiner – während wir mit einem zufriedenen, seligen Lächeln dem Abendrot entgegenfahren …

Natürlich brillierst du und natürlich setzt du dich durch: weil du ein Mensch bist, der nie aufgegeben und sich vor anderen kleingemacht hat, der nie den Glauben an das große Happy End verloren gegeben und sich bewiesen, sich immer wieder bewiesen hat auf dieser Welt. Und dass gerade ich mit dir in diesen Sonnenaufgang blicken darf, zeigt doch recht deutlich, dass ich vielleicht doch nicht so unbedeutsam bin, wie ich denke zu sein – zumindest nicht in deinen Augen …

଼✧ଵ

Er versteckt sich vor dieser oberflächlichen, verkommenen Welt. Er versteckt sich vor der gefühllosen Meute, die ihr letztes bisschen Verstand verloren und sich aufgegeben hat. Er antwortet nicht auf ihre Nachrichten, zumindest nicht sehr oft. Und wenn sie ihn dazu anstiften möchten, rauszugehen und sich mit ihnen zu betrinken, wenn sie in Kauf nehmen, dass er der immer gleiche, trauernde und abgefuckte Kerl bleibt, der seine seelenlose Rolle spielt und an der Bar versauert, verzichtet er lieber und bleibt allein mit seinen Gedanken, mit seiner Kunst und seiner Poesie. Doch wenn sie es ist, die seinen Namen ruft, wenn sie es ist, die seine Hilfe braucht, ist er nicht sehr weit davon entfernt, sein Reich des Friedens zu verlassen und sie in der Dunkelheit zu suchen …

Es war ein heißer Tag, der auf den Dächern der Stadt ruht und ein leises Lebewohl zum Abschied wünscht. Die blaue Stunde, jene Stunde, die das Tageslicht mit dunkler Nacht verbindet, bricht nun an und zieht die Menschen in ihren Bann. Ich fahre durch die Straßen und lasse die Vergangenheit, die bis dato wie ein fahler Schleier über mir gelegen ist, durch das weit geöffnete Fenster meines Wagens an mir vorüberziehen. Hier bin ich zu Hause, hier erblickte ich das Licht der Welt, hier ist jede Gasse und jeder noch so kleine, unscheinbare Winkel als unauslöschlicher Teil in mir gespeichert. Und ja, es gab schon einige schlimme Dinge, die geschehen sind an diesem Ort, Dinge, die mir widerfahren sind und die mein Herz fast brachen. Doch es bleibt, wie es ist: ich werde wohl auf ewig eins mit ihr sein und sie in mir tragen, meine Stadt …

ജ ✧ ଔ

Unsere Seelen haben sich geküsst, noch bevor unsere Lippen es tun konnten. Und ich fühlte mich so frei, so unbeschwert und losgelöst von allen Ketten, als du mich an jenem Abend eingeweiht hast in deine verborgensten Geheimnisse – und mir mit einfachen, menschgemachten Worten gezeigt hast, wie wundervoll und liebevoll du doch bist in deinem Herzen …

Wichtig ist nicht, wo du dich gerade befindest, wichtig ist nur, wo du dich in Zukunft siehst. Und solange deine Gedanken auf geistiger Ebene um dein Ziel, um deinen Traum kreisen und du fest an seine Erfüllung glaubst, wird sich das Erwünschte auch schon bald bewahrheiten ...

⊱✧⊰

Es werden Chancen vor dir auftauchen, Chancen, die du so noch nicht gesehen, nicht wahrgenommen hast – und du wirst der Dunkelheit entsteigen, die dich bis dahin gefangen gehalten hat und dich der heilsamen Energie des Lichtes, der Liebe zuwenden und ganz, vollkommen ganz und unbeschwert werden ...

⊱✧⊰

Ich lebe mein Leben nicht, wie du es gerne hättest: Ich sammle Erinnerungen, die so wertvoll und unvergesslich sind, dass keine böse Kreatur dieser Erde sie mir entreißen kann. Und wenn dir nicht gefällt, was ich tue, wenn dir nicht zusagt, wie ich meine Erfahrungen sammle und trotz all der Schwierigkeiten, die mich plagen, trotz all der Teufel, die mir ans Leder wollen, mein Haupt Richtung Sonne wende, muss ich dich bitten, den Platz neben mir freizumachen – für die Menschen, die mich von ganzem Herzen gewinnen und nicht verlieren sehen möchten ...

Ich war mit meinen Worten tief in deinem Geiste,
war mit meiner Männlichkeit in deinem Frausein und
bin bis in alle Ewigkeit als unauslöschlich treuer Teil
mit dir verbunden: weil es Liebe war, die uns auf
Erden vereinte und uns Lieder singen ließ von Fröh-
lichkeit und Mitgefühl. Und wenn wir uns wieder-
sehen, werde ich dich fest in meine Arme schließen
und dir sagen, was du mir bedeutet hast und wie un-
endlich schmerzlich du mir fehltest und mein Seelen-
reich, gänzlich eingenommen von der Last der Ein-
samkeit und Trübsal, fast zum Einsturz brachtest –
als das Uns zu dir, zu mir geworden ist und wir uns
gesucht und nicht gefunden haben …

๕๐✧ลฉ

Da ist Angst, so viel Angst. Und ein ganzes Meer aus
Zweifeln. Und nun stehe ich am Steg meines Lebens
und zögere: Ich zögere und weiß nicht, ob ich es
schaffen werde, ob ich die Kraft besitze, ans andere
Ufer, in die Freiheit zu gelangen.
Und doch springe ich: hinein in diesen tiefen Ozean,
der unheilvoller scheint, als alles bisher Dagewesene.
Falls es schiefgehen sollte, werde ich kläglich er-
trinken, ohne einen Hilfeschrei – weil meine Kraft
dafür einfach zu gering ist. Doch falls es gelingen
sollte, wird mein großer Traum mich noch vor Ein-
bruch der Nacht sicher in seinen Armen halten …

Wenn das Gute hier gestorben scheint, wenn Tag und Nacht sich nicht mehr treffen und nur Dunkelheit dies Land noch hält, dann begegne mir am Ende meiner Träume – dann umarme mich voller Leidenschaft und zeige mir den Weg aus diesem Winterland, das mich fest gefangen hält und fast erfrieren lässt …

ഔ ✧ ⍺

Charme ist gar kein Ausdruck für das, was ich heute Nacht über dich, über deine Wesenheit und deinen Körper, über deine Weiblichkeit und jeden einzelnen Winkel deiner weltgemachten, menschlichen Seele fließen lassen und dir schenken möchte – und falls du dich traust, falls du bereit bist für das, was mir innewohnt und sich sehnt nach deinen leidenschaftlichen, wohltuenden Berührungen, nach deinen sanften, von Zärtlichkeit geführten Küssen, dann lass dich fallen und vertrau darauf, dass ich es gut mit dir und deinem Herzen meine und vorangehe im Kampf gegen Drachen und von Dunkelheit entsandte Stürme …

ഔ ✧ ⍺

Liebe und Verlust, sich verlieren und sich wiederfinden: wenn nicht hier, dann auf der anderen Seite – und wer behauptet, das Band zweier Seelen sei mit Leichtigkeit zu kappen, der hat noch nie gefühlt, was wahre Liebe wirklich ist …

❧ ✧ ❦

Urlaub für mein Herz, für meine Seele: Wann immer
du deine Hand nach meiner ausstreckst und mich an
dich ziehst – wann immer du mein verzweifeltes,
nach Erlösung lechzendes Ich ins Licht der Sonne
lotst und mich mit sanften, einfühlsamen Worten
dazu verleitest, mich doch noch zu akzeptieren und
zu lieben …

❧ ✧ ❦

Ich sage nicht, dass ich keine menschlichen Triebe
besitze, dass mir keinerlei physische Leidenschaft
innewohnt, im Gegenteil. Doch wenn die Seele nicht
zum Höhepunkt, zur Ekstase gelangt, ist das Ver-
schmelzen zweier Körper sinnlos – findest du nicht?

❧ ✧ ❦

Deine Seele weiß schon, was gut für sie ist, was ihr
behagt und was nicht – welche Menschen und Dinge
dir ein Lächeln ins Gesicht zaubern und welche
nicht. Du kannst ihr ruhig vertrauen und dich auf sie
verlassen …

❧ ✧ ❦

Wenn ich meine Hände auf dein Herz, auf deine
Brust lege, dann ist das Teil eines alten, indianischen
Heilungsrituals – und wenn ich singend und in Trance
um das Feuer tanze, hole ich die Leidenschaft, die
Liebe auf die Erde, die uns einst abhandenkam …

Sie wollte immer nur geliebt, wollte immer nur geschätzt werden für das kleine Mädchen, das in ihrem Herzen lebt und sich nicht traut, hervorzutreten. Sie wollte nicht dem Bösen in die Hände fallen, wollte nicht verlorengehen und verwelken wie ein Blümchen, das sich nach dem Sommer der Nichtigkeit, der grauen Kälte und dem Herbst ergeben muss. Und jetzt? Jetzt ist sie verloren in der Nacht, ist allein da draußen und dem Untergang geweiht wie eine Schneeflocke, die zu Boden fällt und schmilzt. Die Blitze leuchten hell am Horizont, und Gott alleine weiß, wie lange es noch dauern wird, bis dieses Unheil uns're Stadt erreichen und uns in den Abgrund stürzen wird.

Wo sind sie nur, die ganzen Männer? Wo sind sie, jetzt, wo es darauf ankommt? Gibt es denn niemanden, der sich hinaustraut durch die Tore und den Kampf für sie zu fechten wagt? Die Schatten scheinen zu mächtig und zu groß, als dass sich jemand überwinden könnte, gegen sie die Hand zu erheben. Verdammt noch eins: Ich mag zwar nicht der mutigste Mann an diesem Ort hier sein, doch meine Liebe zu der Einen, die mir Freude schenkt und mich beruhigt, wenn ich von Unruhe getrieben bin, ist größer als die größte Furcht in mir. Und so laufe ich hinaus, ich laufe hinaus und bete: für sie und mich, für uns're Träume und die Kinder dieser Erde, die ihr einst abhandenkamen …

೮ ✧ ೡ

Sie haben dich geschickt, um meine kleine, heile Welt zu retten: mein einst unbescholtenes Seelenreich, das im Sterben liegt – direkt von dort, wo nur die schönsten Seelen Eintritt erlangen, wo nur die auserwählten Kinder Gottes verweilen dürfen. Und ich war so sicher, auf ewig in diesem Kreislauf der Niedertracht und Bosheit gefangen zu sein, war so felsenfest davon überzeugt, nie mehr das Licht der Liebe in meinem Herzen entfachen zu dürfen. Was bleibt mir also noch mehr, als mich dir auf allezeit zu schenken …

೮ ✧ ೡ

Liebe ist ein Freund der Freiheit. Wie der Wind, der durch die Bäume streift und uns beruhigt, wenn wir abends in den Federn liegen und uns dem Sommer und seinen Nächten ergeben: Wir wissen nie, wann sie uns begegnet, wann sie uns in guter Absicht durch die Haare streicht und uns berührt. Drum lass uns uns're Augen schließen und vertrauen – darauf, dass sie uns schon sehr bald treffen und den Weg in eine sorgenfreie Welt, eine Welt, die frei von allen Befürchtungen und Zwängen ist, für uns ebnen und uns befreien wird …

Ich bin ein hoffnungsloser Fall, wie ich nachts so auf der Wiese liege und in die Sterne, in ferne Galaxien blicke – und mich frage, wo du wohl gerade bist, ob du dich genauso wunderst, wann das Gute endlich siegen und den Kampf für sich entscheiden wird. Ja, an mir ist ein echter Romantiker verlorengegangen, einer vom ganz alten Schlag, es stimmt schon …

Das alles ist in einer Nacht geschehen: dass wir uns getroffen und das Band der Liebe geknüpft haben, dass wir uns im Licht der Discokugel gehalten und uns geschworen haben, bis zum Sonnenaufgang eng umschlungen miteinander zur Musik zu tanzen. Und als die Nacht gegangen ist und wir uns zum Abschied küssten, als wir Adieu sagen und einander ziehen lassen mussten, wussten wir, dass nichts mehr so bleiben würde, wie es einmal war. Ja, die Sehnsucht nach dir war so stark, dass ich, berauscht von Bier und Wein, am nächsten Morgen erst einmal deine Nummer gewählt und dich gefragt habe, ob das alles nur ein Traum gewesen ist – ob es nur der Sehnsucht, die in meinem Herzen tanzt und singt, geschuldet ist, dass ich dich so sehr begehre, und wir in Wahrheit nie die Freude eines Treffens miteinander teilen und uns spüren durften …

৪১◇ফ

Und wenn man mich fragen würde, wie ich es geschafft habe, diese dunklen Jahre zu überstehen, wie ich es gemeistert habe, mich durch all dies Leid zu kämpfen, so würde ich antworten, dass ich dort, wo sie nur Finsternis gesehen haben, stets ein kleines Licht entfacht habe – und immerzu im Glauben an ein gutes Ende, einen guten Ausgang aller Dinge und ein schöneres, ein besseres Morgen geblieben bin …

৪১◇ফ

Was ich tue, wenn ich nachts in deine Träume komme und dich berühre, wenn ich deinen Herzschlag wieder in den Takt bringe, nennt sich Geistheilung – und ich liebe es, als Gespenst durch die Gemächer deiner Seele zu huschen und dich zu betören …

৪১◇ফ

Du malst Bilder für mein Herz, Bilder, die mich aus meinem tristen, grauen Alltag holen. Du zeigst mir, dass es noch mehr gibt als nur Oberflächlichkeit auf dieser Erde. Und du tust es mit einer unbeschreiblichen Leichtigkeit, mit einem Enthusiasmus, den ich so noch nie erlebt habe. Ja, du faszinierst mich ungemein, das tust du – und jedes Wort, das deinen Mund verlässt, verzaubert mich von Kopf bis Fuß, keine Frage …

Ich kann dich entführen, ohne dir das Gefühl zu geben, eingesperrt zu sein. Ich kann dich von hier wegbringen, wenn du nur die Augen schließt und mir vertraust. Ich kann deine Wunden heilen und dich lächeln lassen – ohne, dass du merkst, wie schnell deine Tränen trocknen und du langsam heil und ganz wirst nach dem Sturz zu Boden, der dich fast zerbrochen hat und dich das Fürchten lehrte …

හ✧ଔ

Die Anklage lautet Lust und ich verzichte: auf einen Anwalt und die Chance, mich zu verteidigen. Denn ich bin mir ganz und gar gewahr darüber, dass Wahrhaftigkeit auf Erden herrschen und regieren sollte – und so gebe ich offen und ehrlich zu, dass ich meinen Atem, meine Hände auf dein Frausein lege und mein Herz, mein Körper dich in warmer Frühlingsnacht berühren möchte …

හ✧ଔ

Eine Berührung von dem richtigen Menschen, von einer Seele, die es gut mit uns meint und uns siegen sehen möchte, und das triste Grau in unseren Herzen weicht einem hoffnungsvollen Sonnenaufgang, der die brachliegenden Wiesen unseres Daseins mit Leben füllt und uns den Mut schenkt, noch einmal von vorne zu beginnen und uns zu erheben …

Wenn du mich dort draußen suchst und mich nicht findest, dann wisse, dass ich mich im Frühlingswind, im Licht der warmen Sonne an dich schmiege und dir Liebe schenke: dass ich dich beschütze und dir meine Kräfte leihe – auch, wenn ich nicht sichtbar bin für dich und deine Menschenaugen …

ഇ✧ഢ

Ich reise schon so lange durch die Zeiten, habe mich so oft schon gekleidet ins Gewand der Menschen und gesucht nach dir: in so vielen Leben, in so vielen Nächten und so vielen Schlachten, die ich mit mir selbst gefochten und gemeistert habe. Und es blieb mir lange Zeit verwehrt, mich zu dir zu legen und dich zu bestaunen. Doch nun bist du da und ich bin wohlauf – und gemeinsam finden wir nun den Frieden und die Einsicht, die uns erkennen und uns sehen lässt …

ഇ✧ഢ

Sie ist noch immer bei mir: die zarte, leise Stimme, die mir flüstert, dass ich mein Herz nicht zu Boden werfen und verraten darf – die mich trotz den Schatten, die so schwer auf meiner Seele liegen, stets daran erinnert, dass ich noch immer siegen und das Beste aus dem Leben, das mir einst gegeben wurde, machen und erschaffen kann …

Ich wache nachts und schlafe höchstens tagsüber: Weil ich dem Stamm der Poeten, der hoffnungslosen Träumer zugehörig bin, welche ihre Kraft daraus ziehen, die Feder über das Papier gleiten zu lassen und sich Zutritt zu Welten zu verschaffen, die anderen wohl auf ewig verborgen bleiben …

ဆဝ ✦ ca

Ich habe so oft schon Seiten herausgerissen aus dem Buch meiner Erinnerungen, habe sie übers Feuer gehalten und sie beinah fallen lassen: hinein in den Rachen eines gierigen Monsters, das das letzte Wort verschlungen und es bis zur Unkenntlichkeit verbrannt hätte. Doch ich konnte mich nicht überwinden, konnte es einfach nicht übers Herz bringen und mich selbst verraten. Denn ganz gleich, wie schmerzvoll das, was mir geschah, auch gewesen sein mag, wie tief es mich auch getroffen und verletzt haben mag: Es ist und bleibt auf ewig ein Teil von mir, bis in alle Zeit und darüber hinaus. Und ich möchte es nicht missen, möchte mich nicht mehr davor flüchten und dem, was mich ausmacht, was mich geformt hat als Seele auf Erden, endlich Akzeptanz entgegenbringen – denn ich bin der Mensch, der durch die Schatten unbezwingbar wurde …

ဆ◆�%

Das, was du suchst, bekommst du nur bei mir; das, was ich mir wünsche, trägst nur du in deinem Inneren, verborgen und versteckt vor dieser Welt. Und ich dachte immer, ich sei der Einzige, der sie suchte und doch nie gefunden hat: jene Liebe, die die Seelen dieser Erde wärmt und sie vor dem Winter, vor seinen eiskalten, unwirtlichen Auswüchsen rettet. Doch dann traf ich dich, inmitten meiner schwersten Zeit und kurz vorm Ende meiner einst so unerschöpflichen Kräfte. Und du hast den Weg durch Wind und Schneegestöber in Kauf genommen, um mich zu befreien und das Feuer meiner Seele aufs Neue zu entfachen – und das werde ich dir nie vergessen …

ဆ◆%

Du warst der hellste Stern am Himmel meines Herzens, doch du bist erloschen und verglüht, bist in die Finsternis gefallen und verschwunden in der dunklen Nacht. Und bis heute bleibt mir nur mehr die Erinnerung an jene Zeit, die wir gemeinsam hatten, die uns geheilt hat von allen Wunden, die wir uns bis dahin zugezogen hatten. Doch ich werde dich ehren, ich werde dich auf ewig ehren und den Menschen um mich herum von dir erzählen: denn es war mehr als Liebe, dieses Band, das uns in jenen Tagen einte und bis heute noch verbindet …

ഇ✧ര

Du musst jetzt keine Angst mehr haben, hab keine Angst mehr – lass es los und werde frei, endlich, nach so vielen Sommern und Wintern. Die Zeit ist gekommen, sie ist gekommen, um ganz und wohlauf zu sein. Glaub daran und vertraue dir und deinem Herzen ...

ഇ✧ര

Jeder von uns besitzt ein Talent, ausnahmslos jeder. Und wenn du behauptest, es gäbe nichts auf dieser Erde, das du gut beherrschen würdest, so hast du's nur noch nicht gefunden und es dir zu eigen gemacht. Jede Seele ist wertvoll, jede Seele zählt und ist ein Wunderwerk Gottes – so auch du ...

ഇ✧ര

Ausstrahlung, Charme, Verführungskunst und obendrauf eine feine Prise Intellekt: die wohl wichtigsten Merkmale, die es zu vereinen gilt, um einer Frau den Verstand zu rauben. So meinte ich zumindest, es einmal gelesen zu haben. Doch die Menschen erzählen so viel, wenn es um Liebe geht, wollen sich stets übertreffen in ihrem angeblichen Wissen, ihrem gesammelten Erfahrungsschatz. Aber eines ist gewiss: dass das, was auf ehrliche Art und Weise aus unseren Herzen spricht, stets erkannt werden wird von denen, die auch selbst Wahrhaftes in sich tragen ...

Ich bin zwar nicht Bon Jovi, doch ich kann dich trotzdem auf ein Bett aus Rosen legen. Okay, das war jetzt wirklich schmierig. Lass mich kurz überlegen, einen kleinen Moment nur. Ich hab's: Es gibt zwar viele Männer, die nach deinem Körper gieren, doch ich bin der Einzige, der imstande ist, nicht nur dein Dekolletee, sondern auch dein Herz, das wohlbehütetste Areal deiner weiblichen Natur, zu ergründen und zu lieben. Und dennoch will auch ich das Eine: Du bist eine attraktive Frau, wie sollte es auch anders sein? Doch er würde mir nicht reichen, der simple, körperliche Akt der Zweisamkeit mit dir, nein, bei Weitem nicht. Denn ich will in Erfahrung bringen, was dir Kraft verliehen und dir geholfen hat, das tiefe Tal der Trübsal zu durchwandern, was dich beflügelt hat, das Licht am Ende dunkler Nacht zu greifen und in deine Hand zu schließen. Und wenn du mir nicht glauben willst, dann gib mir nur ein kleines bisschen Zeit, um dir zu zeigen, dass ich das, was ich behaupte, auch vollends so meine und nicht nur salopp und herzlos dahinsage. Doch sei gefasst darauf, dass dir meine seelischen Tiefen weiche Knie bescheren und dich mitunter stolpern lassen werden – direkt hinein in meine starken Arme, die dich fangen und beschützen möchten …

Ich wusste, dass dies passieren würde, ich wusste es, als ich dich neben deinen Freundinnen an der Theke stehen sah und du mir dein Lächeln geschenkt hast, als du mir in die Augen geblickt und erkannt hast, dass da mehr ist als nur sexuelle Lust, als reine, menschliche Begierde meinerseits. Ich bin gerade zur Tür hereingekommen und habe mich etwas abseits von euch niedergelassen, weit weg vom Trubel und dem Lärm der Menschen, weit weg vom Bass und der lauten Musik. Da hast du mir auch schon zuge-zwinkert, dezent und ganz verstohlen: so, als seien wir uns schon einmal begegnet, an einem anderen Ort, weit weg von hier. Und ja, es fühlte sich an, als hätte ich das Licht, das durch dich schien, das mich gewärmt und mich befreit hat von meinen Sorgen, schon einmal bestaunen dürfen. Wir musterten uns eine Weile, heimlich und doch ohne Scheu, ließen unsere Blicke immer wieder sanfte Küsse zelebrie-ren und den Tanz der Sehnsucht miteinander tanzen. Und als du dich schließlich auf den Weg nach drau-ßen gemacht und mich an der Schulter gestreift hast, leicht und doch ganz deutlich, habe ich verstanden und bin dir vor die Tür gefolgt.

Und da standest du, erhellt vom Neonlicht des Dis-kotheken-Schriftzuges, ein Bein verlegen über das andere geschlagen, die Hände in deinen Hosen-taschen ruhend. Ich machte einen Schritt auf dich zu, dann noch einen – bis ich deinen warmen Atem auf meiner Haut verspürte. Ich wischte die Strähne, die der laue Sommerwind über deine Stirn wehte, aus deinem Gesicht und strich mit meiner Hand behutsam über deinen Nacken. Wir blickten uns aufgeregt in die Augen und ich legte meine Lippen zögerlich und sanft auf deine: so, wie man bunte Blumen auf das Grab eines geliebten Menschen legt, ohne jede Spur von Falschheit und Berechnung, ohne den kleinsten Gedanken daran, dich für mich gewinnen und sogleich wieder fallen lassen zu wollen. Und so kam es, dass wir, von Leidenschaft geführt, uns dem letzten Widerstand ergaben und uns gänzlich treiben ließen. Erst ganz zaghaft, dann bestimmt und fest entschlossen. Und als die Sonne sich am Dach des Kirchturms zeigte, als du dich an mich geschmiegt und mich umarmt hast, wusste ich, dass wir von nun an eine wundervolle Zeit des großen Glückes unser Eigen nennen durften …

ᔕ ✧ ᔐ

Ich bin zu lange vor meinen Schatten davongelaufen, es ist wahr. Doch heute Nacht ist es Zeit, mich zu stellen und dem Grauen meine Stirn zu bieten. Und ganz gleich, wie dieser Kampf auch enden mag: Es ist die richtige Entscheidung, die ewigwährende Flucht gegen eine alles entscheidende Schlacht zu tauschen …

ഔ ✧ ര

Tritt näher heran, damit ich mich dir zeigen kann.
Noch näher meinte ich: so nah, dass ich dich spüren
lassen kann, was mich einstmals dem Wahnsinn
nahebrachte und fast versinken ließ in einem Sumpf
aus Unbehagen und hoffnungslosen Nächten ohne
Morgenlicht und Notausgang – was nun heil ist und
in jener Stunde von mir ging, als wir uns begegnet
sind und bedingungsloses Lieben und das Fliegen
lernten …

ഔ ✧ ര

Du erkennst mich wieder, in jedem Sonnenstrahl,
spürst mich in jedem Windzug, der durch die Blätter
der Bäume streift. Du siehst mich, wenn du deine
Augen schließt, und fühlst mich, wenn deine Trau-
rigkeit der Freude weicht. Ich bin die Schönheit und
der Neuanfang, bin der Treibstoff deines Lebens und
die Zuversicht, die dich niemals aufgeben lässt. Sie
nennen mich die Liebe …

ഔ ✧ ര

Dass manche Menschen einfach sind, wie sie sind,
ohne Hintergedanken und groß angelegte Täu-
schungsmanöver: Das können diejenigen, die selbst
nur manipulieren, sehr schwer glauben. Bleib, wie
du bist, und hör nicht auf damit, das Licht der Liebe
in die Welt zu tragen. Du weißt, dass du authentisch
bist – du musst es niemandem beweisen …

ဆ✧ဢ

Ich werde nie vergessen, was du mir angetan hast. Doch ich werde mich davor hüten, dir nicht zu vergeben: Denn nur so kann ich den Frieden finden, der mich erlöst, der mich freigibt von jener Zeit, die ich nun hinter mir zu lassen wünsche – weil sie nicht mehr dienlich ist für mich und ich gelernt habe, so viel gelernt habe aus ihr. Ja, es geht hier nicht um dich, es geht um mich, um mich allein. Und ich werde mich von den Narben, die du mir zugefügt hast, nun ein für alle Mal befreien, das ist sicher …

ဆ✧ဢ

Ich möchte nicht über irgendwelche Stars mit dir reden, über ihre ausufernden, exzessiven Partynächte, über all den Schwachsinn, der die Klatschspalten dieser Erde füllt. Ich möchte nicht, dass wir unsere wertvolle Zeit damit vergeuden, über diesen weltlichen Kram, dieses belanglose Zeug zu sprechen. Ich habe Fragen an dich, Fragen, die auf meiner Zunge brennen; Fragen, die ich nicht länger auf dem Gleis des Schweigens parken kann und auch nicht möchte. Ich will wissen, woher die Narben stammen, die auf deiner Seele liegen, die du zu verstecken weißt vor so vielen anderen – doch nicht vor mir. Ich möchte wissen, woher die Traurigkeit gekommen ist, die dein Lächeln einst verstoßen und das Licht in deinen Augen fast gestohlen hat …

Ja, es ist etwas Gutes passiert in deinem Leben. Und weißt du auch, warum? Weil du es verdient hast, weil du es wert bist, Lieblichkeit und Schönheit zu erfahren. Und jetzt stell dir vor: Wenn du weiterhin daran glaubst, es verdient zu haben, wenn du weiterhin davon überzeugt bist, dass es dir gutgehen und du dem Sonnenlicht statt der Dunkelheit begegnen darfst, wird es nicht das letzte Mal gewesen sein, dass du den Schmerz des Alltags gegen Freude eintauschen und dich von der Schwere des Menschseins befreien durftest …

ဢ ✧ ଓ

Die Nacht ist kalt, die Nacht ist düster, es ist dunkel in den Straßen, und die Türen sind fest verschlossen. Es ist warm hier drinnen, dort, wo ich bin und wo ich liege. Doch ich kann nicht bleiben, kann mich nicht weiter meiner Pflicht verwehren, dir zu helfen und dein Anker in der Not zu sein: Denn du irrst ganz alleine durch die Finsternis, bist verloren und am Kämpfen gegen schwarze Mächte und ihre bitterbösen Boten, die gesandt wurden vom Reich der Toten – die nicht von dir lassen werden, bis wir beide uns verlieren und daran sterben. Und so schlüpfe ich in meine Schuhe und verlasse meine Burg des Friedens, um dir beizusteh'n in dieser allerletzten Schlacht, die alles Schicksal neu erschafft …

Wenn zwei Seelen nacheinander rufen, soll kein Hindernis dieser Welt zu groß sein, als dass es die Wege, die sie bis dahin getrennt bewandern mussten, daran hindern könnte, sich zu einen und die Herzen, die sie als Verbindungsglied der Sanftheit nutzen, zu erretten und sie zu erlösen: von dem Schmerz der Sehnsucht und den Träumen, die sich nie erfüllten, als die Dunkelheit geherrscht und sie geknebelt hat …

ဪ✧ஐ

Sie kam aus dieser und ich kam aus jener Bar. Und als wir uns trafen, fanden sich zwei Herzen, die sich schon so lange suchten und doch nie gefunden haben, die sich nichts mehr wünschten, als zusammen zu verschwinden und für immer in Geborgenheit zu leben. So zumindest die Kurzversion der damaligen Geschehnisse, die ich ein Leben lang in Ehren halten werde. Doch bis die letzten Puzzleteile schließlich ineinanderpassen sollten, sollte es dann doch noch eine Weile dauern: Da die Vorsicht, die sie walten ließ und meine Zweifel, ob denn jemals eine Frau es wieder wert sein würde, doch recht groß und nicht zu leugnen waren – doch am Ende sollten wir es dennoch schaffen und, trotz aller Eitelkeiten, hoch hinauf auf den Olymp der Liebe steigen …

»Du gefällst mir, lass uns mal 'nen Kaffee trinken«
oder »Ohne großes Abschweifen vom Eigentlichen
möchte ich dir hiermit sagen, dass ich uns in wilder
und gar reger Fantasie gezeichnet habe, wie wir uns
umschlungen und gelöst von allen Sorgen, allen
Kleidern und den Ketten dieses Daseins neugierig
ergründet und uns sanft berührt, uns gutgetan und
leidenschaftlich küssend eine neue Ansicht auf das
Leben offenbart und uns eröffnet haben – eine positive
und von Zuversicht geschaffene, um ganz genau zu
sein ...«

ဆ ✧ ଷ

Ich habe meine Rüstung, meinen Schutzschild abge-
legt: nach all den Jahren, die er mich beschützt hat
vor und den messerscharfen Stichen in mein Herz
und meine Seele. Und ich hätte nie gedacht, dass ich
dies doch noch einmal tun und mich getrauen würde.
Doch es war mir einfach unmöglich, nicht auf dich
und deine Blicke einzugehen – denn sie haben mich
verführt und, entgegen jeglicher Vernunft, dazu be-
wogen, mich dir nackt und ohne Filter zu zeigen
und dich mitwirken zu lassen an den Werken, die
mein reger Geist mit keiner anderen auf dieser Erde
teilt ...

ᴔ✧ᴃ

Über das höchste Gebirge und das tiefste Meer bin ich gekommen, um dich zu finden; durch die dunkelste Nacht und den längsten Tag bin ich gewandert, um Arm in Arm mit dir zu ruhen und zu verweilen. Und nun stehen wir da, aufgeregt in unsere Seelen blickend: weil wir nicht damit gerechnet haben, derart viel Vollendung in einem anderen Menschen, einer Seele, die mit uns auf dieser Erde geht, vorzufinden und zu entdecken. Nun, ich für meinen Teil bin zwar davon ausgegangen, dass du mir gefallen würdest, dass ich durchaus Gefühle für dich hegen könnte, doch das, was hier geschieht, lässt selbst das vollkommenste Königreich der Sinnlichkeit verblassen und die Mauern seiner Grenzen fallen so wie Dominosteine …

ᴔ✧ᴃ

Bist du es leid, vor dem davonzulaufen, was du wirklich bist im Herzen? Vor der Stärke, der Kraft, die in deinem Inneren schlummert? Vor dem Zauber, der seit Anbeginn der Zeit versucht, sich dieser Welt zu zeigen und ihr das Licht der Liebe zu schenken? Geh ruhig vorwärts, trau dich nur – und sei sicher, dass dies dein Tanz der Freude und nicht wieder nur ein Schauspiel ohne Leben wird …

Es ist nicht so, dass ich meine Hoffnung nie verloren hätte: Ich habe sie nur immer wieder gefunden. Und auch, wenn das letzte Licht erloschen war und nur Finsternis auf Erden herrschte, machte ich mich trotz meiner Angst im Herzen, auf die Suche nach dem letzten Feuerzeug im Erdenreich, das die Dunkelheit durchdringen und sie stoppen sollte …

ଛ ✧ ଔ

Manchmal ist es vonnöten, in die finstersten, nur denkbaren Abgründe hinabzusteigen und an Dämonen und bösen Geistern vorbeizuhuschen, direkt hinein in die Hölle der Verdammten – um einen unbeschreiblich wertvollen Teil von uns selbst zurückzuerlangen, der vor langer Zeit abhandengekommen und verschwunden ist wie ein Geist in dunkler Nacht …

ଛ ✧ ଔ

Die ersten Vögel kehren bereits wieder, die ersten Tage, die getränkt in warmes Sonnenlicht vor uns liegen, haben sich bereits auf Erden eingefunden, um sich uns zu schenken und uns zu verzaubern – und der erste Kuss, den wir zu geben wagen, steht nun kurz bevor und wird uns trennen von dem Leid des Menschseins und der Welten Schmerzen …

Wenn du heil und eins sein möchtest mit dem Leben, mit den Träumen, die in deinem Herzen wohnen, musst du lernen, nein zu sagen und dich zu verteidigen, wenn sie das Müssen und den Zwang auf deine Seele legen und dich zerbrechen möchten – denn du bist ein freier Mensch und nicht dazu verpflichtet, jeden anderen außer dir mit Glück und Seligkeit zu segnen …

෨◇ಞ

Leg dich noch ein wenig zu mir, lass nicht ab von unserem treuen Schwur, uns die Schönheit dieses Lebens zu offenbaren und einander gutzutun wie eine Mutter, die ihr Kind in ihren Armen wiegt und es beschützt – die aus seiner Nähe Heilung und Vollkommenheit erfährt …

෨◇ಞ

Manchmal, da treib ich dich zur Weißglut und du reißt die Bilder, die du mit Bravour gezeichnet und aufs Blatt gebannt hast vor so vielen Jahren, von der Wand herunter und zerstampfst sie wie die Teller, die du beinah auf meinem Kopf platziert hättest. Und trotz allem liebst du mich und weißt genau, dass ich, wie oft wir uns auch streiten und bekriegen mögen, stets ein engelsgleiches Wesen in dir sehe und dich mit mir trage – dort, wo sich mein Herz befindet und mir die Kraft des Lebens spendet …

Ihr Vater mochte mich nie, von Anfang an nicht. Und ich wusste lange Zeit nicht, warum das so war, geschweige denn, was ich an mir hatte, das ihn dazu verleitet hat, mir den Kontakt zu seiner Tochter zu untersagen. Irgendwann kam ich dann darauf, dass es schlichtweg die Art war, wie ich ihm gegenübertrat, wie ich mich in seiner Gegenwart verhielt und mich ihm präsentierte: zwar stets respektvoll und zuvorkommend, doch immer mit einem ganz eigenen Kopf, mit ganz eigenen Vorstellungen vom Leben und der Welt dort draußen. Und er? Er wollte einen Mann an der Seite seines Mädchens, der studiert, der aus gutem Hause kommt und nicht bekannt ist dafür, mit leerem Magen und einem Kopf voller Träume zu Bett zu gehen. Und so kam es schließlich, dass sie und ich uns klammheimlich und im Verborgenen treffen mussten: wie zwei Gefangene, die zusammen durch den Hof ihres Gefängnisses schleichen mussten, aus dem es einfach keinen Ausweg zu geben schien. Und als die Sonne einmal mehr verschwand und sich versteckte, flüsterte sie mit einem Mal in mein Ohr, dass sie es nicht länger aushalten würde, dass sie, wenn es denn so weitergehen würde, bald schon sterben würde wie ein Vogel, der die Freiheit durch die Gitter seines Käfigs entschwinden sähe.

Und so beschlossen wir, zusammen wegzugehen und zu flüchten vor dem Mann, der nur Zwietracht auf dem Boden unserer Liebe säen wollte, der uns trennen und entzweien wollte. Und so fuhren wir drauflos, wir fuhren einfach drauflos, in irgendeine Richtung, ohne Plan und ohne Ziel. Und als wir am Morgen das Meer erblickten und uns barfuß in den Sand setzten, hatten wir nicht viel, nein. Doch wir hatten uns – und das reichte vollkommen …

୫୭✧ଓୟ

Ich möchte dich in den Arm nehmen, möchte dir das Gefühl geben, dass du alles richtig gemacht hast auf deiner Reise, dass die Dinge ihren Sinn so haben, wie sie sind – ganz gleich, wie viele Steine dir die Menschen auch in den Weg gelegt haben mögen, ganz gleich, wie lange du bereits an dir und deinem Leben zweifelst und mit deinem Schicksal haderst. Ich möchte sie von deiner Seele nehmen: deine größte Sorge, die dich bis ins Mark erschüttert, die nicht von dir lässt und dich in jeder neuen Nacht durch Finsternis und Kälte jagt. Denn du bist mein heiliger Gral, mein Juwel, den ich nicht mehr zu finden glaubte auf dieser Welt – zumindest nicht in diesem Leben. Und die Trauer, die dein Dasein seit Beginn an bestimmt hat: sie ist nur ein Echo, das aus längst vergangener Zeit nach deiner Seele greifen will und zu schwach ist, um dich auf dem Flug ins Sternenreich zu stoppen …

Ich bin der Typ Mensch, der einfach von der Bild-
fläche verschwindet, für ungewisse Zeit: weil ich
meine Ruhe möchte, weil ich Stunden, Tage, Wochen
mit mir selbst und den Bildern, die ich mir gedank-
lich zeichne, brauche und mir nehme. Und wenn ich
mich nicht melde, wenn ich dir nicht schreibe und
auf deine Texte antworte, die du mir per Whatsapp
schickst, dann sei dir sicher, dass es nichts mit dir als
Mensch, sondern ausschließlich mit mir und meiner
selbst zu tun hat.

Und wenn ich das Bedürfnis habe, wieder zu schrei-
ben, mich mit jemandem zu treffen und zu unter-
halten, wage ich mich schließlich hinaus aus meinem
Reich der schönen Künste, die mich bis dahin um-
woben und umgeben haben. Und zwar deshalb, um
dir mitzuteilen, dass du wertvoll bist für mich und
ich dich mag: weil du mich so nimmst, wie ich auf
diese Welt gekommen bin, weil du mit all den Eigen-
arten, die ich an den Tag lege, zurechtkommst und zu
mir stehst – auch, wenn ich nicht erreichbar bin für
dich und scheinbar Ignoranz dir und deiner Seele
gegenüber hege. Doch dem ist nicht so, gewiss nicht.
Ich bin eben, wie ich bin, es wird sich niemals än-
dern: für die einen ein sonderbarer Kauz, für die an-
deren eine liebenswerte Seele, die sich einfach nicht
zu viel in der Welt des Wahnsinns, der Oberfläch-
lichkeit bewegen möchte …

＆◇❧

Ich weiß noch, als du in meinen Armen gelegen bist, als du dich an mich geschmiegt hast und wir Love me tender hörten: damals, als der Winter uns ereilte und die letzte Hoffnung auf den Sommer unterging in Schneegestöber und der Eiseskälte jener Jahreszeit. Doch du warst da, du warst bei mir und warst verbandelt mit meiner Seele, die dich mehr noch liebte als du selbst. Der Winter kommt nun einmal mehr über dieses Land, man spürt es in den Knochen, man spürt es in der Lunge, die sich füllt mit kalter Luft und spricht mit weißem Hauch. Ich träume, dass du weg bist, dass du nicht mehr hier und schon lange verschwunden bist in dunklen Nächten, die dich von mir forttragen und entführen – doch dann schrecke ich auf und stelle fest, dass das alles nur ein böser Traum gewesen ist, dass du noch immer bei mir und eingehüllt bist in meine warme Decke. Ja, der Winter ist nur halb so schlimm, wenn wir zwei uns haben und das Feuer großer Sanftheit schüren …

＆◇❧

Liebe: Das bedeutet, einen Menschen in seinem Leben zu haben, zu dem man immer wieder zurückkehren und auf den man sich verlassen kann – vor dem man sein kann, wie man wirklich ist und sich nicht zu verstellen, zu verkleiden braucht wie ein Clown, der nur eine seelenlose Rolle, eine Parodie seiner selbst spielt …

Ich bewundere den Menschen, der mit sich selbst im Reinen, der zufrieden ist mit dem, was er bewirkt, was er verwirklicht hat auf Erden – nicht den, der 100 Autos und genauso viele Freunde hat, die nur des Geldes, des Ruhmes wegen an seiner Seite weilen. Und ja, ich habe eine unbestreitbare Schwäche für authentische, gerade Seelen, die sich nicht verkaufen, die sich nicht über Materielles, sondern ausschließlich über ihren Charakter definieren …

꙳ ✧ Ꙩ

Ab heute ist alles möglich, ab heute liegt uns das Leben mit seinen wundersamen, teils unergründlichen Fügungen zu Füßen – und wartet nur darauf, jede Form anzunehmen, die wir ihm im Geiste geben …

꙳ ✧ Ꙩ

Vielleicht sollten wir gemeinsam durch das Licht hindurch in eine wundervolle, segensreiche Anderswelt, in eine nie gesehene, von Heiligkeit erfüllte Ära schreiten, die gezeichnet ist von Seelenfrieden und der Chance auf Besserung, auf eine Heilung uns'res dunklen Daseins – eine Ära, die die Last, die wir auf Erden tragen, von uns nimmt und uns von neuem starten, uns beginnen lässt, wie wir es uns schon immer wünschten: als von Unschuld geleitete Kinder, die sich Hand in Hand im Licht der Sonne wiederfinden und die Träume dieses Lebens sich zu eigen machen …

Wir sind zusammen ausgegangen, doch es war zu
kalt, als dass wir noch hätten draußen bleiben können.
Darum hast du mich gefragt, ob ich noch mit zu dir
hochkommen möchte – und es war das Beste, was
mir nur hätte passieren können. Denn als du mir
dein Herz geöffnet und mir gezeigt hast, dass da
noch mehr als angsterfülltes Ächzen in meinem
Herzen lebt, wich der grauenvolle Lärm, der mich
nachts nicht schlafen ließ, einem sanften Flüstern,
das aus deiner Seele zu mir sprach …

Wir brauchen Luft zum Atmen und Raum zum Leben,
keine Schlauberger, die uns in irgendwelche Sche-
mata und Konventionen pressen. Ob das eine Rebel-
lion sein soll? Ich weiß nicht. Ist es denn wichtig,
wie das Ganze heißt? Wichtig ist doch nur, dass wir
das zur Vollendung führen, was unser Herz uns auf-
trägt – vollkommen unabhängig davon, was andere
von alledem halten …

ဆ✧ရ

Ich glaube, dass so mancher von uns ein vergessenes
Kind in sich trägt, das verzweifelt auf seine Rettung
wartet. Ich glaube, dass bedingungslose Liebe der
Schlüssel zur Heilung unserer Herzen ist – wenn wir
sie nur zulassen und uns trauen, über unseren Schatten
zu springen und uns Schwächen einzuräumen …

ဢ ✧ ဢ

›Geschlossen wegen Verletzungen aus der Vergangenheit‹: ein Schriftzug, den du niemals lesen wirst am Eingang meines Herzens. Denn ich lasse mir meinen Glauben an die Liebe nicht nehmen, von niemandem auf dieser Erde - und das solltest du auch nicht. …

ဢ ✧ ဢ

Ich warte, bis es Nacht geworden ist und ich mich dir im Schutz der Dunkelheit zeigen kann. Denn ich bin ein Vampir wie du. Und wenn die Sonne untergegangen ist, tauchen wir unter in den Schatten der Stadt und lieben uns: während die anderen schlafen und sich in Träumereien verlieren. Und sie fühlen sich so gut an, deine Blicke auf meiner Haut, deine Lippen nah an meinem Hals …

ဢ ✧ ဢ

Ich möchte keine Eintagsfliegen in meinem Leben: keine Menschen, die mir aus einer flapsigen Laune heraus sagen, dass sie meinen Rücken stärken und dann am nächsten Tag verschwunden sind. Darum ziehe ich einen kleinen Kreis von auserwählten Seelen, welche mir treu und ergeben sind, auf die ich mich verlassen, auf die ich mich wirklich verlassen kann, der breiten Masse, die mich nur allzu oft enttäuscht und verraten hat, zu jeder Zeit und immer vor …

Du bist der Quell meiner Freude, meiner Leiden-
schaft, die gestorben schien vor langer Zeit und nun
aus dem Grabe aufsteigt, um mich näher, so viel näher
an meine Sehnsucht zu bringen, welche seit Anbeginn
in meiner Seele lebt und sie beflügelt. Du bist all das,
was ich so lang gesucht und nie gefunden habe, was
ich in den Arm zu nehmen wünschte und doch nie
erleben und genießen durfte auf der Erde – bis zu
jener Nacht, in der wir uns getroffen und verbündet
haben wie zwei Kinder, die die Schönheit dieses
Lebens in den einfachsten und kleinsten Dingen sehen
und sie zu ergreifen und zu spüren wagen …

ဆာ✧⋈

Klinisch tot, nicht mehr erreichbar für die Wunder
dieses Lebens und für immer losgelöst von allem
Glück und so verloren: Das war meine Zukunft, war
mein Schicksal und es hätte mich gewundert, wenn
das Licht und seine Helfer sich noch für mich einge-
setzt und mich gerettet hätten. Doch genau das taten
sie: indem sie einen Engel zu mir schickten, der mich
lehrte, trotz aller Aussichtslosigkeit nicht den Schatten
zu verfallen – der mir beigebracht hat, im Glauben an
mich selbst zu bleiben und die Schönheit in den
kleinen, alltäglichen Dingen zu erkennen und sie zu
schätzen. Und die Helferin, die aus dem Licht auf
diese Erde fand, warst du, mein Mädchen …

Du sprichst nicht, doch ich höre dich ganz deutlich. Du traust dich nicht, dich mir zu zeigen und die Worte, die dich retten könnten, über deine Lippen gleiten zu lassen. Doch das ist nicht schlimm, das ist es nicht: Denn ich spüre ohnehin, was du an Schmerzen mit dir trägst, was dich derart schwer und mühsam atmen lässt, dass du beinah zerbrichst wie eine Vase, die zu Boden fällt und splittert. Und so nehme ich den Stift und schreibe auf das Blatt, was du als Seele, die durch dieses Leben geht, an unbeschreiblich schlimmen Leiden in dir hältst und hoffe so, die Lasten, die dich schier erdrücken, auf- zulösen und das nach außen zu kehren, was du mit ernster Miene in dir hältst und dich angsterfüllt nicht zu sagen traust …

ℬ ✧ ℭ

Du bist so lange vor dem davongelaufen, was dir wehgetan hat, dass du nun völlig außer Atem bist. Du hast so lange totgeschwiegen, was dir das Herz gebrochen hat, dass du nun gezwungen bist zu spre- chen. Und wenn du mir dein Meer aus Tränen zei- gen möchtest, werde ich es gekonnt durchsegeln und dein Anker sein in der See der Traurigkeit – bis das Sonnenlicht die Wellen berühren und sie Rich- tung Land geleiten darf …

୫୦✧ର

Wie wir mit unseren Mitmenschen, mit unserer Um-
welt umgehen, kommt irgendwann zu uns zurück:
als wunderschöner Sonnenstrahl, der uns wärmt und
uns durch Winter, Eis und Kälte hilft, oder als er-
barmungsloser Sturm, der uns ohne Rücksicht trifft
und uns aus den Angeln hebt. Ja, es kommt der Tag,
an dem sich jeder gerademachen muss für die Dinge,
die er gesagt und getan hat – für das, was er anderen
an Schaden, an unheilvollen Taten zugefügt hat.
Irgendwann bekommt jeder seine Retourkutsche,
seine Rechnung vom Leben …

୫୦✧ର

Du denkst, du seist eine Last, eine Zumutung für
mich: dass alles, was du von dir gibst und mit mir
teilst, nicht viel mehr als eine Aneinanderreihung von
belanglosen, unwichtigen Sätzen sei. Doch ich sage
dir ganz deutlich, dass du dich nicht zu schämen und
zu zweifeln brauchst – denn ich spüre und erkenne
nichts als Schönheit, als Magie in deinen wunder-
vollen Worten, die, geküsst vom Schein des Mondes,
vor mir weilen und den Zauber längst vergangener
Zeiten zu mir bringen und mich träumen lassen von
einem besseren, einem hoffnungsvolleren Morgen,
welches durchdrungen ist von unvergänglichem,
ewigwährendem Sonnenlicht …

Du sagst, dass dein Leben ein Trümmerhaufen sei, dass es nichts mehr gäbe, das du noch als erstrebenswert und kostbar erachten könntest. Und durchaus: Ich sehe vieles, das zerbrochen und nicht ganz geworden, das nicht vollends heil geworden ist auf deiner langen, beschwerlichen Reise durch die Jahre und ihre dunklen Nächte. Und dennoch darfst du nie vergessen, dass ich mein letztes Hemd für dich geben und es opfern würde – weil ich dir auf diese Welt gefolgt bin, um dir beizusteh'n und dir zu helfen, wenn du dich verlierst in deiner Traurigkeit …

∽✧∾

Eines Nachts werde ich aus einem unserer unzähligen Träume ausbrechen und den Sprung von der Fantasiewelt in die Realität wagen. Eines Nachts werde ich meinen Weg auf diese Erde finden und dich sanft aus deinem Schlaf erwecken, damit wir unsere Körper endlich vereinen und einander wärmen können: nach langer, so unendlich langer Zeit im Schatten und in dunklen Winkeln dieses Lebens ohne Liebe. Doch bis dahin schreibe ich dir Zeilen von der anderen Seite – Zeilen, die nur ein empfindsames, einfühlsames Herz wie deines zu entziffern vermag …

Du springst von einem Kerl zum anderen und wirst
doch nie recht fündig. Und immer, wenn ich dich mit
einem neuen Typen sehe, wenn ich dich beobachte,
wie du scheinbar glücklich durch die Straßen läufst
mit ihm, weiß ich, dass in dir drin ein Sturm tobt, der
dich schon sehr bald zum nächsten Hafen treiben und
dein Herz zum Kentern bringen wird – weil du der
Überzeugung bist, in anderen das Licht zu finden,
das du nur in deiner eigenen, gottgeschenkten Seele
entfachen kannst und nirgends sonst …

ഔ ✧ ൡ

Meine Angst vor der Zukunft wird niemals größer
sein als meine Sehnsucht nach dem Fliegen, nach dem
Erleben meiner Träume und dem finalen Triumph
über alle Schmerzen, die mir seit so vielen Leben auf
diese Erde folgen. Denn wenn ich erst einmal alt und
grau, wenn ich abgehalftert und verbraucht bin, wird
all das, was ich einmal sein und erreichen wollte, was
ich als das Meine in Besitz nehmen wollte auf dieser
Welt, nur noch schwach und schleierhaft vor meinen
müden Augen sichtbar sein und schon bald wie ein
Staubkorn, das im Wind vergeht, den Weg ins Nie-
mandsland und in die Leere finden – vorausgesetzt,
ich sehe tatenlos und träge zu, wie die Chancen und
Optionen meines Lebens sang- und klanglos an mir
vorüberziehen und mir leise Lebewohl sagen …

So Gott will, werde ich sie eines schönen Tages in meinen Armen halten, ganz nah bei mir und nicht verloren in einer Welt, die ihr ihre Schönheit raubt und sie zerbricht. Wenn das Schicksal es zulässt, wird sie mir schon sehr bald irgendwo da draußen über den Weg laufen und mich wiedererkennen, mich wieder in ihre Arme schließen. Und wenn dieser Tag gekommen ist, wird all das, was ich mir erträumt und in meiner Fantasie ausgemalt habe, endlich zur Wahrheit werden und nicht weiter Illusion und sehnsüchtige Wunschvorstellung sein …

৪০✧ଓଟ

Wenn wir zusammen sind, spüre ich, wie mein verloren geglaubter Lebensmut wieder zurückkehrt, wie alles Herzblut, das jemals meinen Körper verlassen hat, zurückströmt in meine Venen und mich bestärkt und mir die Kraft verleiht, die mir so lange gefehlt hat – wie du mich in deine Arme, in dein Herz und deine Seele schließt und mir eine Fackel, ein Leuchtfeuer im Dunkeln und eine nie für möglich gehaltene Aussicht auf Erlösung bist. Ich spüre, wie alles, was jemals an Fragen offenstand, was sich mir nie erklärt und offenbart hat in diesem Leben, endlich Antworten finden und sich zu einem wunderschönen Puzzle zusammenfügen darf. Dank dir, mein treuer, ergebener Traum auf Erden …

Ich habe geträumt von dir, es ist wahr. Und wenn du wissen willst, was wir getan, was wir einander geschenkt haben in der Dunkelheit, die erhellt war von der Flamme uns'rer Zweisamkeit, dann wisse, dass es herzbefreiend angenehm und betörend, so betörend und gar heilsam war für mich und meine Seele – und die deinige. So heilsam, dass wir nie mehr erwachen und zurückfinden wollten in das Morgenrot des neuen Tages …

ജ✧ര

Weißt du, ich war dort: in einer Welt fern von Raum und Zeit, einer Welt, in der das Gute wie der Mond am Himmel thront und über seine Kinder wacht wie eine liebende Mutter. Eine Welt, in der die Flamme der Liebe stärker brennt als ein vertrockneter Wald, der sich der Hitze des Sommers und dem alles verschlingenden Feuer heißer, regenloser Monate ergibt. Und ja, ich habe gesprochen mit denen, die über uns wachen, die uns beschützen und uns den Weg durch Nacht und Nebel, durch die Tage ohne Sonnenlicht und Liebe zeigen. Und sie haben mir verraten, dass das Böse uns nicht aufhalten, dass es uns nicht hindern kann an unserem lang ersehnten Flug ins Glück, niemals …

၈၀ ✧ ♋

Meine schöne Unbekannte, meine Liebelei aus wundervollen Sommernächten, aus von Sternenstaub und Ewiglicht gezeichneten Welten, die keinem Menschen dieser Erde zugänglich gemacht sind außer mir – in jeder dieser Stunden, die ich meine Augen schließe und sie fest in meinen Armen halten und nicht mehr missen möchte …

၈၀ ✧ ♋

Ich weiß nicht, was sie über uns sagen werden, wenn wir einmal nicht mehr sind. Doch ich hoffe, dass es etwas Wunderbares sein wird. Ich hoffe, dass es heißen wird, wir hätten jeden unserer Träume bis zum Letzten ausgekostet – und ein Denkmal der Liebe in den Herzen der Menschen erbaut …

၈၀ ✧ ♋

Auf Wasser gehen und es allen zeigen, ihnen beweisen, dass sie falsch gelegen haben mit ihren Prognosen über deine Zukunft: Das ist es, was du tun solltest. Und ich weiß, dass du stark genug bist, um das Ganze genau so in die Tat umzusetzen. Lass ihre Zweifel zum Aufwind werden, der durch deine Flügel streicht und gleite hinweg über ihr kleingeistiges Denken, über die Dächer deiner Stadt …

＊✧＊

Und dann fand ich dich und du hast mir gezeigt, dass da noch mehr ist als nur Gram und Wut, dass es tatsächlich noch Dinge gibt, für die es sich zu leben lohnt: für die Liebe, für die Schönheit in den einzelnen Augenblicken und in Menschen wie dir. Du hast mich gelehrt, dass kein Sturm dieser Welt stark genug sein kann, als dass er meine Segel zerreißen könnte – dass ich die Kraft besitze, mich aus den Qualen, aus den Leiden eines irdischen Wesens zu befreien …

＊✧＊

An manchen Tagen verbrenne, verglühe ich regelrecht an all der Leidenschaft, die meinem Herzen innewohnt und die sich sehnt nach lichten Stunden, die wir uns im Schein des Mondes Liebe und die Chance auf Heilung, auf ein besseres, ein schmerzbefreites Morgen schenken – und die Sorgen uns'res Lebens hoch hinauf durch das Geäst der vom Sommerwind geküssten Bäume steigen lassen …

＊✧＊

Ich möchte leben, möchte mit dir leben und dich lieben, möchte mit dir weinen und mich immer wieder nah bei dir, an deiner Seite einfinden – und mit dir gemeinsam uns'rem Sein auf Erden einen Sinn und den Tagen ein bisschen Sonnenlicht und Zärtlichkeit schenken …

❧ ✧ ❧

Irgendwann verwelken unsere Körper wie Rosen, die selbst das reinste Wasser nicht mehr zu retten vermag – und das Einzige, was bleiben wird von uns, ist vom Wind entführter Staub, der von diesem Ort getragen und gestohlen wird. Doch bevor dem so ist, bevor sich unsere Seelen einmal mehr auf die Reise durch die Welten machen, gibt es hier noch so einiges zu erleben und zu genießen für uns …

❧ ✧ ❧

Du kannst tausend Frauen gehabt haben, doch das macht dich noch lange nicht zu einem Mann. Denn was ist das alles wert, wenn du sie zwar mit deinen Händen erforscht und ertastest hast, doch nicht weißt, wie man in ihren Seelen forscht und sie berührt …

❧ ✧ ❧

Ich bin übersät mit Narben: weil der Weg beschwerlich und nicht leicht gewesen ist, kein Meter davon. Doch ich werde mich davor hüten, mich deshalb als hässlich zu betiteln und mich kleinzumachen – im Gegenteil. Denn es ist gewiss nicht abzustreiten, dass die Makel, die mich zieren, lediglich Zeugnis sind davon, dass ich stets ein Kämpfer gewesen bin und nie ein Feigling …

☙❖❧

Der Unterschied zwischen Mann und Frau? Es gibt keinen. Zumindest nicht in Bezug auf unseren himmlischen Kern, der sich nach Einigkeit und Liebe sehnt. Und wir können uns wunderbar arrangieren miteinander und zusammen in Ewigwelten voller Schönheit forschen: weil wir dazu bestimmt sind, uns die Hand zu reichen und gemeinsam zu bestehen …

☙❖❧

Das Herz einer Frau: zweifelsohne eine recht intime Stelle, auf der es gilt, zarte und bestimmte Berührungen zu hinterlassen – und Entschlossenheit und Geduld miteinander zu vereinen …

☙❖❧

Danke für dein Sein, das du mit mir teilst auf dieser Erde: auf diesem von unergründlichen und schier wahnsinnigen Mysterien durchdrungenen blauen Planeten, welcher, in Folge unserer liebevollen Nachtgebete, bald bereinigt sein wird von allem Bösen und in hellem, zauberhaftem Glanz erstrahlen und genesen wird von seinen Qualen …

☙❖❧

Wenn der Mut zum Anderssein dir innewohnt, dann lass den Löwen in dir frei – dann lass ihn brüllend und mit breiter Brust über weite Wiesen in den Sonnenuntergang laufen …

Wie viel Mut und Überwindung es auch kosten mag:
Sich der Schlacht, sich dem alles entscheidenden
Kampf zu stellen, ist der erste Schritt hin zu einem
besseren Leben – einem Leben, das im Licht einer
friedvollen Zukunft, fernab von Leid und Elend
stattfindet …

ઠ૦✧ભ

Cadmium, Blei und Quecksilber für ihre Lungen:
zum Runterkommen, wie sie meint. Und sie haucht
den Rauch hinaus in diese von Lichtern durchdrun-
gene Nacht und fragt mich, ob ich denn die Antwort
wüsste auf all die Fragen, die in ihrem Kopf herum-
schwirren. Ich zucke mit den Schultern und erkläre
ihr meinen Standpunkt über die Welt und die Dinge,
die an diesem Ort geschehen. Und während wir so
auf die Stadt hinunterblicken und das rege Treiben
aus sicherer Entfernung beobachten, bemerken wir,
dass die Menschen von hier oben aussehen wie Amei-
sen. »Wir Menschen sind so unbedeutend«, flüstert
sie leise. »Und dennoch bedeutest du mir etwas«,
antworte ich ihr. Und während ich es tue, lehnt sie sich
verträumt an mich und sieht zu mir hoch – und unsere
Lippen nähern sich zaghaft einander an und vereinen
sich …

Wonach im Leben sehnst du dich? Wohin trägt es
dich, wenn du deine Augen schließt und diesem
Ort, dieser Dunkelheit entfliehst? In welche Städte
führt es dich, an welchen Plätzen gehst und stehst, in
welchen Flüssen fährst du abwärts Richtung Abend-
sonne? Ich möchte es wissen, alles davon – heute
Nacht noch, wenn wir am Wasser liegen und uns
schwören, jeder Welle, die uns küsst und uns berührt,
die uns von unseren Schmerzen reinwäscht und er-
löst, in Ewigkeit ein Lied zu schenken …

ഔ✧ର

Es ist uns noch immer erlaubt, ins Paradies zu gehen,
es wird uns noch immer Einlass gewährt. Das Zeit-
fenster ist noch nicht geschlossen; das ist es nicht.
Es sind uns noch einige Tage vergönnt, um unsere
Namen in Unendlichkeit zu meißeln, um uns un-
sterblich und unvergessen zu machen. Und ja, ich bin
dieser Junge, von dem sie dir so viel schon erzählt
haben: jener Junge, der deine Ketten zu sprengen
und dir den Weg in die Freiheit, in die Unvergäng-
lichkeit zu zeigen vermag wie kein anderer – sofern
du ihm vertraust und ihm gewährst, seine Hand auf
deine tiefsten Wunden zu legen und das Unmögliche
möglich zu machen …

଼ ✧ ଼

Unser geheimes Reich, unsere letzte Zuflucht vor
den Gefahren dieser Welt, unser ganz privates Ei-
land, umgeben von einem Meer aus Schmerzen:
Kein anderer darf es betreten außer uns – und wenn
sie Schiffe senden, um uns zurückzuholen, um uns
zu bekehren, wenn sie sich aufmachen, um uns ein-
zufangen und zu brechen, senden wir Stürme und
tobende Wellen, um unsere Liebe aufrechtzuerhalten
und zu schützen …

଼ ✧ ଼

Wenn du dich einsam fühlst und verlassen, dann
schleiche ich mich heran an dich, langsam und auf
leisen Sohlen – und fahre mit meinen Lippen über
deinen Nacken und streiche dir sanft und behutsam
durch dein Haar. Und ich küsse dich, ich küsse dich,
als seist du das Wundervollste, das Betörendste, das
je im Reich der Erde ging. Denn genau das bist du in
meinen Augen, das und nichts anderes. Und ich tue es
so einfühlsam und liebevoll, dass deine ganze Welt
sich für einen Augenblick aufhört zu drehen, dass
du dich in meine Arme fallen lässt wie eine Schnee-
flocke, die aus weiten Höhen auf die Bäume sinkt und
leise singend diese Welt bedeckt. Denn die Liebe, die
ich für dich empfinde, die Zuneigung, die ich dir ge-
genüber hege, soll dich heilen und von der Last dieses
Lebens lösen – soll dich endlich wieder unbesorgt und
frei machen …

ഔ✧ൖ

Du spielst Klavier in den Hallen meines Herzens, von früh bis spät. Du spielst sie runter, all meine Zweifel: mit einem Lächeln, wie es souveräner und von inniger Liebe nicht stärker erfüllt sein könnte. Du spielst ein Lied, das mich verzaubert und mich lächeln lässt, bis in die letzte Faser meiner verletzten, mitgenommenen Seele. Denn bei dir, da kann ich ganz ich selbst sein – schwach und hilflos wie ein kleines Kind. Und ich weiß, dass du mich nie verraten, mich nie ans Messer liefern und an den Höchstbietenden verkaufen würdest. Und das, deine Loyalität, ist das größte Geschenk, das man einem Menschenwesen nur machen kann …

ഔ✧ൖ

Wenn du etwas wirklich willst im Leben, dann kämpfe wie ein Löwe, der sich nicht vertreiben und besiegen lässt von all den Ängsten, die ihm innewohnen und die Zwietracht in sein Herz, in seine Träume, die er sich auf dieser Welt erfüllen möchte, säen und ihn stoppen wollen. Ja, manchmal ist es hart, ich weiß. Doch du kannst es, du weißt es ganz genau – du musst dich nur noch trauen und im Glauben an dich selbst und deine Zukunft bleiben …

Den Träumern soll die Welt gehören, den vermeintlich Verrückten. Denen, die am Rande der Gesellschaft vor sich hin leben: unscheinbar, leise und doch unendlich laut – wie ein Donnern, das die Nacht durchdringt. Den Menschen, die sich trauen, Bilder voller Hoffnung zu zeichnen, an die andere nicht einmal zu denken wagen, sollte das Kommando über diese Welt gegeben werden …

Ich glaube, es gehört einfach zum Leben, dass man liebt und auch mal streitet, dass man sich verliert und wiederfindet – dass man Frühling und auch Winter gleichsam schätzt und sich nicht wehrt gegen den Wandel, der die Welt in kaltes Weiß taucht und sie durch das Licht der Sonne befreit vom Würgegriff trüber, aussichtsloser Tage …

Die Geschichte zweier Seelen, die sich im Schein des Mondes ewige Treue schworen: bis über das damalige Leben hinaus. Zwei Seelen aus einem Guss, die Leben für Leben zueinander finden und sich ein ums andere Mal wiedererkennen. Manche von uns nennen es Schicksal – ich nenne es Magie …

ᔆᜟᜟᘓ

Nur ein Traum, nicht mehr: eine Tuchfühlung im Reich des Schlafes, ein von sanften Klängen untermaltes, leises Wiedersehn, und dann ein Kuss, der uns die Hoffnung dieses Lebens wiederschenkte – kurz, bevor wir aufgewacht sind und ein jeder von uns ganz allein in seinem Bett gelegen ist und nicht mehr wusste, wo er denn im echten Leben, wo er auf der Welt die Liebe, die wir in der Nacht erlebten, finden und entdecken sollte …

ᔆᜟᜟᘓ

Auch der tapferste Krieger will mal ankommen und sich hingeben – weil wir, die Menschen dieser Erde, keine Roboter, keine Maschinen sind, sondern fühlende Wesen mit Herz und Seele …

ᔆᜟᜟᘓ

Leg mir dieses Schwert in meine Hände, gib mir die Erlaubnis, loszuzieh'n und Böses zu besiegen, es in dunkle Täler zu vertreiben, bis hier nur noch Licht und Liebe herrschen und in Wohlgesonnenheit das Heil der Erdenseelen als ihr höchstes und von Heiligkeit erfülltes Ziel ausgeben – denn die Finsternis ist uns nicht dienlich und gewiss nicht Teil des Lebens, das uns einst in guter Absicht beim Betreten dieser Welt zuteilgeworden ist …

೪✧ഝ

Ob zwei Herzen sich gegenseitig heilen können? Ich glaube daran, ja – solange sie die Melodie der Nacht niemals ausklingen lassen und die Kinder in sich nicht schlafen legen …

೪✧ഝ

Wer wären wir ohne unsere Masken, unsere Fassaden, ohne unsere Gabe für das Schauspiel? Wer wären wir ohne sie, wo wir uns doch jeden Tag aufs Neue auf der Bühne dieses Lebens einfinden und die Rollen, die wir einst angenommen haben, gekonnt in Szene setzen? So gekonnt und perfektioniert, dass niemand auch nur ansatzweise in der Lage ist, das Spiel, das unsere menschliche Natur beseelt, zu hinterfragen und durch all die Illusion zu blicken, die wir als ein Stückchen falscher Freude darbieten und mit anderen teilen. Doch ich weiß, dass du erkennst, wer ich bin in Wahrheit und was mich ausmacht, was mich formt als Mensch und meine Seele lachen und erquicken lässt. Ich spüre, wie du mich berührst und nicht verurteilst für das Wesen, das in meinem Herzen lebt, das sich nach Liebe und Frieden sehnt auf seinem Weg auf Erden – dort, wo sich mein tiefster Schmerz versteckt, wo mein Mond und meine Sonne sich weinend in den Armen liegen, weil ihnen nur ein Wimpernschlag im Spiel der Zeit vergönnt ist miteinander: in meinem Herzen …

ᔕ✧ᔐ

Soll sie doch in sich zusammenstürzen und kein
Morgen mehr sehen, diese von allen guten Geistern
verlassene Welt. Solange du bei mir bist, solange
wir uns halten und einander guttun dürfen wie Kin-
der, die sich lieben, die nicht müde werden davon,
sich Tage voller Sonnenlicht und Freude zu schen-
ken, ist es mir egal und ich sehe getrost in das Auge
des Sturms und bin ganz ruhig und ohne Furcht:
Denn mein Engel aus dem Licht, mein Anker in der
rauen See, der auf die Erde kam, um mich vor den
Kugeln, die auf mich gefeuert werden, zu beschüt-
zen, ist bei mir und bewahrt mich vor dem Fall ins
Nichts …

ᔕ✧ᔐ

Ich will dich aus den Fängen der Dunkelheit befreien
und sicher nach Hause führen: vorbei an deinen
Ängsten und den Schatten, die dich fangen und am
Scheinen hindern möchten. Ich will dich über den
mit Scherben gesäumten Boden tragen, geradewegs
hinein in die letzte Zufluchtsstätte dieser Erde, die
in Frieden vor dem Feuer des Kamins liegt und dich
vor der Bosheit dieser Welt bewahrt. Ich will dich
beruhigen, will dir ins Ohr flüstern, dass ich von nun
an deine Hand halten und dich beschützen werde –
wie ein Löwe seine Jungen …

ജ✧ca

Man sagt, dass all jene, die uns einst verlassen haben,
für immer in uns weiterleben, dass unsere Herzen
niemanden vergessen werden, der seinerzeit durch
unsere heiligen Räume gegangen ist und sie mit Liebe
füllte. Selbst dann, wenn er auf die andere Seite ge-
reist ist und nicht mehr wiederkehrt. Es heißt, dass
eine Verbundenheit, die im Diesseits Bestand hatte,
auch im Jenseits keinen Abbruch findet, dass sich
alles, was einst in Liebe eins und fest verbunden war,
im Reich des Lichtes wiederfinden und erkennen
wird. Und wir können sie trotz allem sehen, all jene,
die vorausgegangen sind und uns verließen: durch
die Trennwand zweier Welten, die sich zwischen uns
und unsere Sehnsucht legt und den Blick auf unsere
Lieben und auf ihre von Schönheit beseelten Herzen
freigibt. Und so legen wir die Hände auf das Glas
und schauen uns in die Augen – so wie damals, als
wir uns getroffen und vereint, als wir uns neugierig
einander angenähert haben. Und sie berühren sich,
unsere Fingerspitzen, beinah. Doch bitte, weine keine
Träne mehr um mich, so, wie auch ich versuchen
will, nicht mehr um dich zu weinen. Denn der Tag
wird kommen, an dem ich dir folgen werde und wir
wieder durch die Zeiten tanzen werden wie früher, als
die Sonne niemals unterging …

Ich weiß, dass sie dir wehgetan, dass sie dich enttäuscht und hintergangen haben – und das ziemlich oft und ohne Gnade. Ich habe gesehen, wie du geweint, wie du getrauert hast, allein in deinem dunklen Zimmer. Ich habe den Schmerz gespürt, der sich über dein Herz gelegt hat in tristen, ausweglosen Stunden. Und ich weiß, dass du dir geschworen hast, nie mehr zu vertrauen, es nie wieder zu versuchen, mit keinem Menschen auf dieser Erde. Denn es gab schon so manchen, der dich verletzt und verwundet hat, mitunter sogar schwer. Und glaube mir: Ich verstehe, dass es dir nach all diesen Tragödien, nach all diesen Dramen und Achterbahnfahrten an Mut und Zuversicht fehlt, dich noch einmal einem anderen Menschen hinzugeben, sich ihm anzuvertrauen und dich in seine Arme fallen zu lassen. Doch bitte glaube mir: Es leben Milliarden liebeshungrige Herzen auf diesem Planeten, Seite an Seite mit dir und mir. Und es wäre so unendlich traurig, wenn du der einen Seele, die für dich bestimmt ist, die Möglichkeit verwehren würdest, in guter Absicht dein von Einsamkeit erfülltes Herz zu küssen – bis der kalte Winter weicht und sich dem Frühling und der Hoffnung beugt ...

Wie wäre es wohl gewesen, hätten wir uns vor vielen Jahren schon getroffen? Damals, als wir Kinder waren, meine ich. Du als kleines Mädchen, das noch nie verletzt wurde, das mir ohne zu zögern sein Vertrauen geschenkt hätte, ich als Junge, der noch mit den Augen reiner Unschuld diese Welt betrachtet hat und dem das Fürchten so fremd war in jenen Tagen? Wie wären wir uns wohl begegnet, wie wären wir aufeinander zugegangen? Mit verschlossenen Armen und voller Misstrauen? Ich glaube kaum. Wir wären vielmehr lachend aufeinander zugelaufen und hätten nicht mehr voneinander abgelassen – zumindest nicht, bevor wir sichergestellt hätten, uns mit Liebe überschüttet zu haben. Vielleicht können wir dieser Tage einfach nur miteinander sein, wenn wir das Kind in uns befreit haben, wenn wir alle Traurigkeit von ihm genommen und es behutsam herangeführt haben an diese Welt, wer weiß …

∞ ✧ ∞

Lass uns um unsere Probleme herumzutanzen, auf leichten Füßen und ganz unbeschwert. Lass uns fliegen wie eine Feder im Wind. Und wenn du meinst, nicht tanzen zu können, dann sei unbesorgt: ich auch nicht – doch gemeinsam können wir es so aussehen lassen, als ob …

ಹ✧ಞ

Was bestimmt ist, dich zu finden, wird dich auch finden: wie viele Umwege dafür auch in Kauf genommen, wie viele Schwierigkeiten dafür auch überwunden werden müssen. Denn Liebe ist und bleibt der stärkste Magnet auf Erden – und ist beständiger als die Welt an sich …

ಹ✧ಞ

Du musst kein Topmodel, musst nicht geliftet und ohne jeden Makel sein, musst nicht viel Geld besitzen oder erfolgreich sein in dem, was du tust. Du musst auch nicht irgendeinen Status oder ein besonderes, ohnehin vergängliches Ansehen in dieser Welt genießen. Sei einfach du selbst und lass mich den unversiegbaren Quell deiner Schönheit entdecken, jeden Tag aufs Neue. Und um Gottes willen: verstell dich nicht. Denn es wäre das Letzte, das ich verlangen würde von dir. Du bist perfekt, wie du bist, bist mit keinem Gold dieser Erde aufzuwiegen und ein Schatz, der unbezahlbar ist für mich und diese Menschheit. Und deine Gesellschaft ist so unschätzbar wohltuend, deine Liebe so unendlich heilsam für meine Seele, die sich sehnt nach einem Rettungsanker, einem Leuchtturm in der sturmerfüllten See des Lebens. Ach, mein Mädchen: Sei einfach da, während ich mich selbst rette – einen anderen Wunsch habe ich nicht …

෨✧Ꮭ

Wieso sollten wir aufhören, an die Liebe zu glauben, an die einzig wahre? Weil wir verletzt und verraten, weil wir zurückgelassen und verkauft wurden, von einigen Wenigen? Weil wir durch Schmerzen gehen mussten, die wir so nie für möglich hielten, weil alles, was wir bis ins letzte Detail geplant hatten, eingestürzt ist wie der Turm von Babylon? Es gibt so viele reine Seelen, die ehrlichen Herzens sind, die verstoßen wurden und dennoch nach einem Menschen suchen wie dir: die sich sehnen nach einer Liebe, die so unverfälscht ist wie die Wehen einer Geburt, wie der Schrei eines neugeborenen, auf dieser Welt geschlüpften Babys. Weißt du, es ist kein Wunder, dass die Kinder mit Pfeil im Herzen, diejenigen, die Splitter in ihrer Seele tragen, alles Vertrauen in diese Welt verloren haben und ab einem gewissen Punkt ihrer Reise aller Schönheit nur noch Argwohn und Misstrauen entgegenbringen können. Und auch ich weiß, wie es ist, wenn man zurückbleibt in einer trostlosen Steppe aus Schmutz und Staub, wenn man umgeben ist vom eisigen Wind eines langen, dunklen Winters und gähnender, trostloser Leere. Ich weiß, wie es ist, wenn man sein letztes Ticket verloren hat, hinaus aus einer Hölle des Alleinseins und des Kummers. Doch ich weiß auch, dass, wenn etwas Schlechtes endet, etwas Wunderbares folgen wird: wie die Sonne auf den Regen …

୫◇ଓ

Wenn ein Mann Gefallen an einer Frau gefunden hat, wird er diesem Interesse immer nachgehen und es nie versiegen lassen. Ganz gleich, wie viele Steine ihm auch vor die Füße geworfen werden, wie viele Hindernisse er auch aus dem Weg räumen muss dafür. Und wenn es die eine Frau ist, die sein Herz berührt, die es vollkommen auf den Kopf gestellt hat, wird er weich werden in ihrer Gegenwart, so schrecklich weich – ganz gleich, wie unnahbar er auch sonst durch diese Welt gehen mag: sei es als Rüpel unter Einsatz seiner Ellenbogen oder als unnahbarer, erfrorener Eisklotz. Nun, ich bin kein Mann großer Worte, nicht, wenn es darauf ankommt, einer Frau das Geschenk der Liebe zu machen. Worte sind für mich ohnehin nur Vorboten für das, was man noch zu geben verantwortlich ist und nicht viel bedeutender als die darauffolgenden Taten in meinen Augen. Doch wer sein Mädchen fragt, ob es bereit sei, alles loszulassen, was es bisher am Boden gehalten hat, wer von ihm erfahren möchte, ob es denn den Mut besitzt, seine eingestaubten Flügel zu benutzen und mit ihm emporzusteigen, der sollte auch gleichwohl vertraut sein mit der Kunst des Fliegens …

Du wusstest nicht, wohin's dich trägt, ob deine Zu-
kunft vor dem Feuer, vor dem Knistern des Kamins
und seinen lodernden, von Leidenschaft geküssten
Flammen auf dich warten und dich heilen würde. Du
warst nicht sicher, ob du stark genug für all die Tage
nach dem Heute sein und dich und deine Zweifel
überwinden würdest – bis zu jenem Augenblick, in
dem alles, was du bis dahin geglaubt hast, über die-
ses Leben und die deiner Meinung nach nicht sehr
schicksalhaften Fügungen dieser Welt zu wissen, neu
geordnet und geregelt wurde: als wir uns zum ersten
Mal geküsst und durch die Nacht getragen haben …

ℬ✧ℛ

Das letzte Ticket in die Freiheit, uns're Zugfahrkarte
ins Unendlichreich und weit hinaus über die Grenzen,
die wir uns im Geist gesetzt und auferlegt haben in
der Unbewusstheit, die uns nicht erkennen ließ, wie
einzigartig und vollkommen wir doch in Wahrheit
waren und welch Maß an Glück wir auf der Welt in
Wirklichkeit verdienten und zu jeder Zeit als recht-
lich anerkanntes Eigentum als das Uns're hätten
nutzen dürfen – und doch niemals taten bis zum
Lösen aller Ketten, die uns an der Flucht ins Sonnen-
licht gehindert hatten, bevor Selbstbefreiung kam
und uns erlöste …

໑ ✧ ໒

Du traust dich nicht, dich mir zu zeigen: Denn du
fürchtest dich, dass ich dich verurteilen, dass ich dir
Verletzungen zufügen könnte, wie es so viele vor mir
schon getan haben. Und obwohl du dich so stark zu
mir hingezogen fühlst, ängstigt dich diese noch nie
dagewesene Nähe zwischen uns auf ganz furchtbare
Art und Weise. Und ja, du denkst, Vertrauen wäre
gefährlich, wäre nicht existent in einer Welt, die be-
stimmt wird von unserem Denken, unserem kopfbe-
stimmten Handeln. Doch sieh in meine Augen und
hör auf dein Herz, nur auf dein Herz. Spürst du denn
nicht, wie groß die Sehnsucht in mir ist, dir gut zu tun
und dich auf allen nur erdenklichen Ebenen trauter
Zweisamkeit zu verwöhnen und dich zu verehren?
Durchaus, es gab schon einige Menschen, die dich
verbrannt, die dich verwundet haben wie eine grelle
Flamme, die heißer war als brodelnde Lava. Doch
vertrau mir und lass einfach los. Gib mir die Erlaub-
nis, dir nah zu sein und dich zu lieben: Denn das, was
uns zwei verbindet, ist so unsterblich echt, jeder
Herzschlag, jeder Atemzug davon – und wenn du
dich mir hingibst, werde ich deine Seele stets be-
schützen und sie achten, als wäre sie meine eigene …

Mit Vorlieben, Herzenswünschen und Sehnsüchten hinterm Berg halten? Nichts für uns, gewiss nicht. Wir sind, was wir sind – und auf diese Erde gekommen, um genau das nach außen zu kehren und zu leben ...

ഇ ✧ ର

›Niemand hätte gedacht, dass ich einmal zu dem Menschen werden würde, der ich geworden bin‹: Das werden deine Worte sein, wenn du es geschafft hast. Und du schaffst es, ganz gewiss. Es ist nicht unüberwindbar, es scheint nur so. Erinnere dich: du bist auf diese Welt gekommen, um zu siegen, um dich zu verwirklichen. Und jetzt hol dir dein Stück vom Regenbogen; es steht dir zu ...

ഇ ✧ ର

Es ist an der Zeit, unsere Träume Wirklichkeit werden zu lassen. Es ist an der Zeit zu erkennen, dass das, was uns verfolgt hat, keine unbesiegbaren Monster, sondern lediglich kleine Schatten und selbst auferlegte Grenzen waren, welche wir uns, von Angst erfüllt, gesetzt und als real erachtet haben. Es ist an der Zeit, nach dem zu greifen, was uns seit Geburt an zusteht: dem Sternenstaub am Himmelszelt, dem ewigwährenden Hauch von Unvergänglichkeit ...

Es ist okay: Sei, wer du sein möchtest. Es wird immer Menschen geben, die hinter deinem Rücken lästern und sich über dich lustig machen – weil sie selbst kein Leben haben. Und es werden sogar jene Lügen über dich verbreiten, die dir freundlich ins Gesicht lachen. Nicht alle, aber einige. Dass du zu dem stehst, was du wirklich bist: das ist das Mutigste, was du nur tun kannst. Du musst glücklich sein, musst in den Spiegel blicken können, du allein. Die anderen mögen Nebendarsteller sein, doch du spielst die Hauptrolle. Spiele sie mit Leidenschaft, mit Feuer in der Seele …

৪০ ✧ ଓ

»Es hat keinen Sinn mehr, im Geringsten nicht.« »Nicht jeder Ausweg ist sichtbar für uns. Oft müssen wir erst unsere Augen schließen, um klare und deutliche Antworten zu erhalten.« »Ich möchte sie endlich loslassen, die unstillbare Wut, die in mir brodelt, meine Angst, die tief verankert ist in meinem Herzen. Bitte, ring sie endlich zu Boden: die Dämonen, die meine Seele seit so vielen Leben schon gefangen halten.« »Wir werden sie besiegen, die Dunkelheit, ganz gewiss – doch das können wir nur gemeinsam, mit all unserer Liebe.«

ෆ✧ඉ

Ich habe lange Zeit darüber philosophiert, warum
genau wir uns in bestimmte Menschen verlieben und
bin bis heute auf keinerlei erfüllende Antwort ge-
stoßen. Nun, ich vermute, dass wir schlichtweg zu-
sammengeführt werden mit all jenen, die zu treffen
wir bestimmt sind in diesem Leben, deren Anzie-
hungskraft wir uns einfach nicht erwehren können.
Die Rede ist von Seelen aus vorherigen Leben, See-
len, denen wir weiß Gott nicht zum ersten Mal hier
auf Erden begegnen, die schon einmal unsere Wege
gekreuzt haben und die uns bis in alle Ewigkeit an
sich ziehen und uns schwach und ergeben machen –
auf ganz wundervolle Art und Weise. Und ja, manche
Augen meint man, zweifelsohne schon einmal wo-
anders gesehen zu haben, an einem anderen Ort,
weit vor dieser Zeit. Und es fühlt sich so vertraut an,
wenn wir uns verlieren in jenen Augen: so, als hätten
wir endlich das wiedergefunden, was wir seit so vielen
Wintern schon gesucht haben, verzweifelt und kurz
vorm Ende aller Atemzüge …

ෆ✧ඉ

Du gehst in unerschütterlichem Glauben deinen Weg
und bist dir deiner selbst bewusst – und wenn sie
mal wieder Schlange stehen, um dich einzufangen,
huschst du durch die Hintertür hinaus, um mich zu
treffen und mit mir hinfort zu laufen …

౷✧ন

Es macht mich traurig zu sehen, dass so viele Menschen ihr Herz verschlossen, es hinter meterdicken Mauern in Sicherheit gebracht haben. Mauern, die es schier unmöglich machen, zu ihnen durchzudringen, sie davon zu überzeugen, dass man es gut meint mit ihnen und nichts Böses im Schilde führt, im Gegenteil.

Doch es gibt immer wieder Reisende auf dieser Welt, die derart schwer verletzt und hintergangen wurden, dass sie es von da an vorgezogen haben, lieber in die Einsamkeit zu flüchten, als auch nur einem Liebenden auf dieser weiten Welt Zutritt zu gewähren zu ihrem gläsernen Palast der Empfindsamkeit und der Nacktheit, des Sich-Fallenlassens und Vertrauens.

Ja, der Stachel sitzt einfach zu tief, als dass man ihn so ohne weiteres herausziehen, als dass man das Erlebte von jetzt auf gleich ungeschehen machen könnte. Und die Narben scheinen frisch so wie am ersten Tag, obwohl der Stich so lange schon zurückliegt; damals, als der Dolch in ihre Brust gestoßen wurde. Doch wer weiß: vielleicht verpassen wir das größte Glück unseres Lebens, wenn wir nicht doch noch einmal die Zugbrücke zum Palast unserer in Mitleidenschaft gezogenen Seele herunterlassen – einer Seele, die nur ein Schauspiel vollführt und sich in Wahrheit sehnt nach zarten Händen, die sie ohne böse Absicht spüren und ergründen möchten …

Zeilen aus meinem Herzen: von dort, wo mein inneres
Kind zu Hause ist, wo es sich versteckt hält vor dieser
Welt, und dir in seiner ganzen Empfindsamkeit, seiner
nicht enden wollenden Sehnsucht eröffnet, wie heil-
sam und wie liebreizend, wie bereichernd und wie
erquickend deine Gegenwart, dein gesamtes Auftreten
als Menschenseele ist – wie wohltuend deine Lippen
über die meinigen gleiten und sie zum Singen und
zum Lächeln bringen …

ॐ ✧ ☙

Überwinde alle Schwierigkeiten, lass die Zweifler
stumm und leise werden und erkenne, dass du auf die
Welt gekommen bist, um Siege einzufahren und dich
zu entwickeln: von der Raupe hin zum Schmetterling,
im warmen Licht der Frühlingssonne, die die Sehn-
sucht, die in deinem Herzen weilt, am Leben hält und
deine Träume wachsen und gedeihen lässt – bis sie zur
realen, unverhinderbaren Wahrheit werden und du
nicht mehr sorgenvoll auf morgen blicken musst und
dich zur Ruhe setzen darfst in rosa Wolken, die dort
oben an der Himmelsgrenze ihre Bahnen ziehen und
der Welt ein freudbeseeltes Lächeln schenken und sie
trösten an den grauen Tagen, die ihr alle Hoffnung
stehlen und sie an den Rand des Wahnsinns treiben …

Ich bin auf diese Erde gekommen, um dich zu be-
rühren, um dich zum Ursprung des Heilseins, der
seelischen Genesung zu führen. Ich habe an deine
Seite gefunden, um dich zu beschützen, um dich
durch die Zeit der Zweifel zu tragen und hinauszu-
führen aus dem tiefen Tal, in das du dich verlaufen
hast. Ich will dir helfen, dein Gleichgewicht wieder
zu finden, will dich stützen, wenn du stolperst und zu
fallen drohst. Ich bin das, was du dir in dunkler
Nacht gewünscht hast, bin der Mann, der dich dort
abholt, wo die anderen dich vergessen haben. Und
ja, ich bin ein Mensch wie du, bin kein Halbgott
und kein Zauberkünstler. Ich habe meine Fehler und
meine Schatten, bin nicht ohne Makel und mitunter
schwach und hilflos in den dunklen Nächten, so wie
du. Doch ich will zu jeder Zeit die starke Schulter
sein, an die du dich lehnen kannst und dein Retter in
der Not, deine letzte Zufluchtsstätte in einem Leben
ohne Freude und ohne Sonnenlicht. Und solange
auch nur ein einziger Atemzug in mir vorhanden ist,
solange ich meine Augen offen und mein Herz am
Leben halten kann, werde ich mich stets zwischen
dich und all das stellen, das versucht, dir wehzutun.
Und ja, ich werde in die Schlacht ziehen für dich –
so, wie nur ein Löwe, wie nur ein mit Leidenschaft
und Siegeswillen gesegneter König es zu tun vermag.
Und wenn das alles nur eine Einbildung, eine müde

Träumerei sein sollte, wenn ich nur wieder Wunsch-
denken und Realität miteinander vertauscht haben
sollte, möchte ich nie mehr zurückkehren ins echte
Leben und Gott darum bitten, für immer und für alle
Zeit meine Augen zu schließen und zu schlafen …

೩⋄ೞ

Nicht jeder, den wir treffen, meint es böse mit uns
oder hat vor, uns wehzutun, uns zu verletzen. Ich
denke, dieses Leben ist ein Spiel, ein Spiel, das ge-
spielt werden möchte. Mal gewinnen, mal verlieren
wir. Wenn wir uns jedoch von einigen, die uns einst
verletzt haben, unser Leben diktieren lassen, wenn wir
nur noch gekränkt und voller Misstrauen durch diese
Welt hier gehen, dann haben genau jene Menschen
gewonnen. Dann haben sie es geschafft, unseren rest-
lichen Weg bis zum Ende hin zu bestimmen und uns
all die Chancen zu verwehren, die dieses Leben uns
nur bieten kann – Chancen, uns auf jemanden einzu-
lassen, der es gut meint mit uns, der sich wie wir
nichts mehr wünscht, als endlich anzukommen und
bedingungslos geliebt zu werden. Nein, wir sollten
anderen nicht die Macht über uns und unser Leben
geben, sollten unserem Glück nicht länger im Wege
stehen und den Wunden der Vergangenheit verbieten,
die Zügel der Gegenwart an sich zu reißen …

Ich war ein Mann, der hart war zu sich selbst, der sich verschlossen hat vor der Welt und sich versteckt hat vor der echten, vorherbestimmten Liebe. Ein Mann, der im Clinch lag mit seinen Gefühlen, der sich davor fürchtete, sie zu zeigen, zu präsentieren: seine sanfte, verletzbare Seite. Und plötzlich kamst du in mein Leben und hast es in Besitz genommen, das Podium meiner nie geteilten Reden. Und wir haben geweint so wie Kinder: über deine, über meine Probleme, über all das, was zu lange schon auf unseren Schultern lag wie ein bleiernes, unstemmbares Gewicht. Und wir verbrachten viele Nächte miteinander, Nächte, in denen unsere Herzen sich berührten, in denen sie sich küssten und auf Tuchfühlung, auf von Neugier untermalte Erkundungstour gingen. Ja, dies waren die Augenblicke, in denen ich Einlass begehrte zum Tor deiner Seele – und du mir geöffnet und nicht gezögert hast. Nein, ich musste nicht erst mühsam emporsteigen durch das Gestrüpp aus scharfen Dornen, musste nicht erst die Mauer deiner Angst, deiner Scham erklimmen, Gott sei Dank. Denn du hast dich mir gezeigt, ohne Widerrede, in all deiner gottgegebenen, natürlichen Schönheit; und das, ohne dass ich je darum hätte bitten müssen. Und auch ich habe mich dir vermacht: damals, als der Sommer noch unendlich war …

Es wird immer Menschen geben, die versuchen werden, anderen das Leben schwer zu machen, die ohne Vorwissen verurteilen und die Schwachen heimsuchen, ohne eine Spur der Reue und des Mitgefühls. Doch sie haben nicht gesehen, wie wir unsere Kissen getränkt haben mit Tränen, wie wir verzweifelt gesucht haben nach einem Ausweg aus der Ausweglosigkeit, in jeder dieser einsamen, von Eiseskälte durchdrungenen Nächte. Sie kennen nicht das Gefühl, das so stark und einnehmend ist, dass jede Gegenwehr vergebens scheint: das Gefühl der Hoffnungslosigkeit, das uns erdrückt und immer weiter an den Rand des Wahnsinns treibt, einen Abgrund, in den zu springen eine Reise ohne Wiederkehr bedeuten würde. Sie wissen nicht, wie es aussieht in uns, welch schwere Lasten wir zu tragen, wie viele hoffnungslose Schlachten wir zu schlagen haben in unserem Leben – an jedem einzelnen Tag, den wir uns entschließen, es doch noch einmal aufzunehmen mit den Schatten, den Dunkelkräften dieser Erde. Ich spreche von Wesenheiten, die es kaum erwarten können, das Licht der Sonne schwinden zu sehen, die sich danach verzehren, unseren Untergang bejubeln und zelebrieren zu dürfen. Weißt du, am Ende des Tages sind wir alle nur auf der Suche nach Frieden, nach Liebe und Verständnis: dann, wenn unsere Augen müde werden und wir unsere Wünsche hinausschicken in diese von Krisen gebeutelte Welt, in das Firmament, das über uns am Himmel wacht und bestrebt ist, uns vor dem Falls ins Nichts zu bewahren. Menschenkind, diese verwirrten Seelen haben sich selbst verloren, vor sehr langer Zeit schon: in einem Kabinett aus zerbrochenen, kaputten Spiegeln. Sie haben vergessen, was es heißt, ein Lebewesen mit Herz und Gefühlen zu sein, was es heißt, einfühlsam und liebevoll mit sich und anderen umzugehen. Es sind verlorene Kinder, die es nicht geschafft haben, über den Zaun zum Spielplatz des Lebens zu klettern, die ihn nicht kennen: den bohrenden, unnachgiebigen Schmerz, der selbst die stärksten Seelen taumeln und sie stolpern lässt. Doch du, du hast diese Hürde genommen, schon als kleines Kind – und dir stets die Liebe zu dir selbst und allen anderen um dich herum bewahrt. Und solange du das Licht in dir scheinen, solange du die Flamme nicht versiegen lässt, können sie dich nicht verletzen, das können sie nicht …

ഇ✧ര

Ein Traum von dir ist wertvoller als jede ihrer Berührungen, ein Kuss von dir im Geiste, in der Fantasie, die fern von dieser Welt hier spielt, mehr noch wert als alles andere, das sich zeigt auf Erden – und der Augenblick, der uns in jeder dieser Nächte eint, ein in Emotionen eingehülltes Feuerwerk aus wahr gewordner Sehnsucht …

Wie eine Frau sein sollte? Ich denke, jeder Mann wird seine ganz eigene Definition davon haben und sie mit einer einzigartigen, individuellen Note zeichnen, die Auserwählte seiner Träume. Wenn man mich fragen würde, müsste ich nicht lange überlegen, um eine Antwort darauf zu finden: Sie sollte einfach sie selbst sein und sich nicht verstellen. Sie sollte nicht darauf hören, was andere sagen, sondern stets dem Schlag ihres eigenen, von Sehnsucht geführten Herzens lauschen, immer und zu jeder Zeit. Sie sollte ihr wahres Wesen nicht verkaufen, sollte sich nicht selbst verraten und sich ihre Einzigartigkeit bewahren, sollte nicht dem Folge leisten, was die Welt dort draußen als Trend und angebliche Perfektion vorgibt. Sie sollte mir vertrauen, so, wie auch ich ihr vertraue, sollte sich auch in ihren schwächsten Phasen so zeigen, wie sie ist; verletzlich und auch angreifbar. Weil sie genau weiß, dass ich lieber sterben würde, als ihr wehzutun, dass ich lieber tot umfiele, als sie zu hintergehen und zu verraten. Und wenn sie bereit wäre, sich mir zu öffnen, würde ich es ihr gleichtun, würde ich ihr mein Herz, meinen Körper und meine Seele in die Hände legen, ohne zu zögern. Ach ja, sie sollte erwachsen sein und reif wie ein guter Wein, ja – und sich dennoch nicht scheuen, ihr inneres Kind nach außen zu kehren. Sie sollte sich nicht zu ernst nehmen und sich stets das Privileg bewahren, auch in einem totenstillen Wartezimmer einen Lachanfall zu erleiden. Ja, durchaus: Ich finde es wirklich wunderbar, anzuecken in einer von Zwängen und Pflichten geprägten Welt. Deshalb würde ich mich auch dann noch mit ihr nach draußen wagen, wenn sie ungeschminkt und in Jogginghose ist, wenn sie sich noch nicht einmal die Haare oder was auch immer gemacht hat. Es interessiert mich einfach nicht, kein bisschen. Denn es gibt nichts Amüsanteres, als die verstörten Blicke derer auf sich zu ziehen, die in ihrer scheinbar heilen Welt verweilen und sich als Sittenwächter einer Gesellschaft voller Heuchler und Ja-Sager sehen. Wo wir auch schon beim letzten Punkt angelangt wären: Sie sollte Nerven aus Stahl haben, diese Eine. Denn ich bin ein Rebell, ein Mann der alten Schule, einer von denen, die lieber das ganze Haus hochjagen würden, als sich aufs Dach steigen zu lassen. Und ja, es ist wahr: Ich stehe viel zu gern im Kampf mit den Widerständen dieser Welt, vor allem mit denen, die in meinem Herzen wüten. Doch niemals würde ich die Hand meiner Frau loslassen, nein, das würde ich nicht. Und ich wünsche mir, dass auch sie es nicht tut, dass sie sich nicht von mir stiehlt, wenn es mal schwierig und ungemütlich wird. Um das Ganze auf einen einfachen Nenner herunterzubrechen: Sie sollte eine kindliche und reife Verbindung tiefen Gefühls zu mir und meiner Seele besitzen, mehr verlange ich nicht …

Ich will dich beruhigen, wenn du aufschreckst aus dem Schlaf, will dir meine Liebe schenken, wenn du wieder einmal tobst und schnaubst und nicht mehr weiterweißt in diesem Spiel der Furcht und Zweifel. Ich will dich bewahren vor dem Fall ins Nichts, vor dem alles vernichtenden Schmerz, der auch mich einstmals zu Boden riss. Ich will an deiner Seite weilen, wenn dein letzter Freund dir das Lebewohl verkündet und du ganz allein im Dunkeln kauerst. Ich will einen Kreis aus Salz, aus geweihtem Wasser um uns ziehen, will das Böse stoppen und es dingfest machen, will all die verlorenen Momente zurückholen, die uns einst entglitten sind. Ich will dich vergessen lassen, was nicht zu vergessen ist, will dich fest in meine Arme schließen, bis du wieder eins sein kannst mit dir und alle Last sich von dir löst und zu Staub zerfällt. Ich will dir Blumen bringen und dich über Pfützen tragen, will die strahlende Sonne sein, die deine dunkle Nacht erhellt und dich mit sanften Gesten wärmt und liebt. Ich will die Hoffnung sein, die leise in dein Ohr flüstert, die dich küsst, wenn du um dich schlägst und schimpfst. Ich will dich daran erinnern, es noch einmal zu probieren, dich noch einmal dem Sturm entgegenzustellen, mit mir an deiner Seite, will mich zwischen dich und jede Waffe stellen, die auf dich gerichtet und gefeuert wird. Weißt du, ich trage tiefe Schnitte in meinem Herzen und bin ein Mann, der nur schwer zu zähmen ist – und bin dennoch bereit, alle Kompromisse dieser Welt für dich und dein Herz, für deine Seele und das Uns, für uns're Zukunft, die im Morgen vor uns liegt und uns gehört, auf unserer Reise einzugehen. Und ja, ich bin weit entfernt vom Begriff der Perfektion, bin kein Zauberkünstler und kein Romeo, der durch alte Theaterstücke springt wie die von edlen Tugenden geküssten Darsteller ausgereifter Bühnendarbietungen. Und doch stelle ich mein maßgeschneidertes, aufwändig verziertes Seelenkleid mit Stolz für dich zur Schau und lass es dich berühren, wann immer du es möchtest. Und wer weiß, vielleicht willst du ja meine Julia sein, meine wunderschöne Julia – und mich als deinen Beschützer an deiner Seite, der in jede Schlacht für dich und für dein Wohlergehen, für dein Seelenheil und deine Zukunft zieht: der dir diese Welt zu Füßen legt und dich zur Regentin macht über das Sternenmeer am Himmelszelt, das in jeder Nacht erschaffen wird im Licht der ewiglebenden, unvergänglichen Gestirne …

ℬ✧ℛ

Du kannst jetzt aufhören, dich mit leblosen Puppen aus dem Internet zu vergleichen. Du bist du und hast deinen ganz eigenen, unersetzlichen Wert auf Erden – und wie du hierhergekommen bist, so bist du richtig, bitte glaube mir …

Der Ton macht die Musik, das Wort die Unterhaltung und mein Charme dein Frausein frei von allen Zweifeln, die du auf dein Herz gelegt und nicht zum Stillstand, zum Verstummen bringen konntest bis hierher – und die Küsse, die ich deinem Körper schenke, machen deine Seele hungrig nach dem Zauber, den ich aus den Tiefen meines Geistes heben und dir in die Hände legen möchte …

Es ist aufrichtige, aus den Tiefen einer menschlichen Seele entstiegene Liebe, die den Raum erfüllt, wenn du mich wärmst und mir die Kraft und Hoffnung schenkst, dem Winter und den kalten Tagen, die er über diese Welt hier legt, den Rücken zuzudrehen und sie zu vergessen – wenn du mich nach oben ziehst und mir die Kraft und Freude schenkst, die mir gefehlt hat, um mich neu zu ordnen und ein neues Morgen, einen wundervollen Neuanfang als Teil des Lebens auf der Erde zu begrüßen und an unerreichte Wunder und ein schönes, sorgenfreies Sein auf dieser Welt zu glauben …

Sie ist nicht das, was du zu glauben meinst: sie trägt Gewalten in sich, die du niemals bändigen könntest – also sei vorsichtig, was du erzählst über sie …

ഔ✧ଔ

Wenn wir zwei so miteinander reden und uns Gedanken und Gefühle in die Hände legen, wenn wir unsere Worte ausgelassen miteinander tanzen lassen und uns umkreisen, uns einander nähern, fühlt es sich so vertraut, so wohltuend und heilsam an: wie ein Streicheln unserer Seelen, die sich sehnen nach Berührungen ohne Zwänge und Verpflichtungen, ohne ausufernde Schwüre und festgezurrte, geistige Ketten. Und nein, ich spreche nicht von einer dramatischen Liebelei oder dergleichen. Lediglich von der Tatsache, dass es guttut, dein Herz ganz nah an meinem zu spüren und dich bei mir zu haben …

ഔ✧ଔ

Herzschmerz ist keine Einbahnstraße: Er wird nicht nur von Männern verursacht, vergiss das bitte nie, liebe Welt. Es sind einfach beide Geschlechter gleichsam in der Pflicht, aufeinander achtzugeben und sich fürsorglich zu unterstützen, sich zu lieben. Und es bringt uns nichts, wenn wir uns gegenseitig durch den Kakao ziehen und über ein und denselben Kamm vorverurteilender Verdächtigungen scheren. Denn wir, die Männer und Frauen dieser Erde, brauchen uns, wir sind gemacht füreinander …

ℰ✧ℛ

Die Nacht legt sich so wunderschön und zögerlich auf deine nackte Haut, sie deckt dich zu und küsst dich sanft und sorgsam, bis du das gefunden hast, was du so lange schon ersehnt und nie als Zauber unvergesslich schöner Sommernächte in Besitz nehmen und erleben durftest: und zwar Liebe, tiefste und betörendste Liebe, die in dieser Form so nie von Zweien, die sich berührten, als Genesungstrank gespürt und heilsam auf ihr Herz gegossen wurde …

ℰ✧ℛ

Irgendwann habe ich nicht mehr hingehört, wenn ich ausgelacht wurde, wenn mir gesagt wurde, dass ich nutzlos sei und es nie zu etwas bringen würde: Denn ich wusste, dass die Worte, die sie mir, beseelt von Unzulänglichkeiten und von Lebensfrust um meine Ohren warfen, nichts als Schwachsinn waren und ich für viel mehr geschaffen war, als das, was sie mir schmackhaft machen wollten. Und so machte ich weiter, immer weiter – bis ich angekommen war und das in Händen hielt, was ich schon als Kind in wahrhaft schöner Form erleben und ertasten wollte. Und auch du hast mehr verdient, als das, was du an Leben lebst und was sie dir in Form von starren Regeln meinen, aufdiktieren zu können …

ജ❖ര

Weil der Weg noch lang ist, sollten wir sogleich be-
ginnen, ihn zu beschreiten – damit er Tag für Tag
etwas kürzer wird und das Ziel ein Stückchen näher
rückt an unser Herz …

ജ❖ര

Der Mann, der dich wahrhaft liebt, findet dich immer
schön. Egal, wie du gerade aussiehst, wie du dich
auch kleiden oder dich präsentieren magst. Ob du nun
verschlafen nach dem Aufstehen durch die Wohnung
stolperst, deine Haare in alle Richtungen stehend,
oder deine Schminke wieder einmal verlaufen ist,
weil du geweint hast und betrübt und traurig warst:
du wirst immer seine Nummer eins und das liebens-
werteste Geschöpf sein, das in seinen Augen je den
Boden dieser Welt berührt hat. Und wenn du vorhast,
in Jogginghose und zerrissenem Shirt vor die Tür zu
gehen, dann frag ihn ruhig nach seiner Meinung – er
wird dir immer antworten, dass es keinerlei Verbes-
serung mehr gibt, die du vornehmen könntest, dass
du perfekt bist, wie du bist und dich nicht sorgen
brauchst um dein äußeres Erscheinungsbild. Ja, der
Mann, der dich wirklich liebt, würde nie von dir
verlangen, dass du dich herrichtest wie ein Model
oder eine Rolle spielst, die dir in Wahrheit nicht
behagt, im Gegenteil …

꜅✧꜆

Es ist nicht die Angst, die uns aufhält – es ist die Entscheidung, klein beizugeben. Und wir sind gewiss nicht auf der Erde, um uns von der Furcht vor allem Unbekannten unsere Sehnsucht nach dem Fliegen nehmen zu lassen, nein: Wir sind hier, um uns're Träume Kapitän sein zu lassen auf der Reise durch das Meer des Lebens, vergiss das bitte nie …

꜅✧꜆

Wenn du beginnst, die Prüfungen dieses Lebens als notwendiges Kapitel deines Weges auf Erden zu erkennen, wenn du begreifst, dass das Fechten um dein Heilsein, um den Fortbestand deiner menschlichen Seele vorherbestimmt und nur vorübergehender Natur ist, wird der schwere Kampf, den du zu führen hast auf Erden, dich schon sehr bald zu dem Menschen formen, der du bestimmt bist zu sein: Und du wirst erkennen, dass nur die Auserwählten, nur die erlesensten und stärksten Krieger den Gang durch dunkle und von Sternenlicht vergessene Labyrinthe zu beschreiten haben – und am Ende die Herrlichkeit des Lebens darauf wartet, dich umarmen und in Sicherheit wiegen zu dürfen …

Und wenn man mich denn fragen würde, ob ich
Angst in meinem Herzen spürte, so könnte ich dies
nicht verneinen, nein, beim besten Willen nicht:
Denn ich habe schrecklich schlimme Angst und das
sehr oft sogar. Doch die Kunst besteht darin, sie als
Öl für uns'ren Herzensmotor und die Seele, die uns
innewohnt, zu nutzen und sie durch uns fließen zu
lassen wie geweihtes Wasser und als Teil des Lebens
auf der Erde zu umarmen – denn nur so kann sie der
Freund, Gefährte und Beschützer werden, der uns
wachhält, uns auf der Hut sein lässt und uns bewahrt
vor allem Bösen …

৪০ ✧ ৫৪

Alles, was uns das Recht auf Selbstbestimmung, auf
Eigenliebe abspricht, alles, was uns nicht mit stolzer
Stimme reden und uns wachsen lässt, kann nicht von
Gott sein. Und wer voller Unbewusstheit daran mit-
wirkt, die Büchse der Pandora zu öffnen und, von
böser Absicht angetrieb'ne Kräfte zu entfesseln, darf
sich nicht beschweren, wenn bald dunkle Nacht die
Plätze, die einst eingetaucht in warmes Sonnenlicht
gewesen sind, in Beschlag nimmt und die Kinder
dieses Reichs in Schmerz und Leid verbannt. Noch
ist Zeit, umzukehren – doch es handelt sich wohl nur
um Augenblicke …

Du bist mein Mädchen und ich bin dein Seelenschützer. Du bist der Mensch, der mich zum Schmunzeln bringt, ich bin der Junge, der das Böse von dir nimmt und es vertreibt: und das so lange, bis es nicht mehr wiederkehrt und dich in Ruhe lässt, bis du in meinen Armen schlafen und dem Trubel dieser Welt entkommen, bis du ihm entgehen und dich besinnen darfst. Und zusammen sind wir stärker als der stärkste Sturm und alle Feinde, die nach unserem Leben trachten und es aus der Welt verbannen möchten – das weißt du, du wundervollstes Wesen hier in Gottes Erdenreich, und das weiß ich …

Nach außen hin mimst du die taffe, selbstbewusste Frau. So zeigst du dich der Welt und ihren Menschen. Doch ich habe gespürt, wie gerne es mein Herz und meine Seele streicheln, wie gerne es mich berühren und mich fühlen würde, voller Sehnsucht und Verlangen: das kleine Mädchen, das dir innewohnt, das sich nichts mehr wünscht, als Halt zu finden in 'nem Kerl wie mir, der es zu kennen scheint wie kaum ein anderer – der ihm all die Kraft und Freude schenkt, die es braucht, um seine Flügel zu spreizen und sich über alle Hindernisse hinwegzuheben …

Es ist erschreckend, was ein Mangel an Liebe, an Mitgefühl hervorrufen kann, ist schockierend, wie viele kaputte Menschen sich auf dieser Welt hier tummeln und durch ihren Alltag quälen: Menschen, die so tiefe Narben voller Schmerz in ihrer Seele tragen, dass sie nicht mehr weiter wissen und verzweifelt und geschwächt in Trauer darben – weil sie nie gespürt und erfahren haben, was denn wahre Liebe, was gelebte, gesprochene Güte und Zärtlichkeit ist und wie es sich anfühlt, als Ganzes, als Menschenwesen, das mit Zweifeln und mit Ängsten durch dieses Leben geht, akzeptiert und anerkannt zu werden. Doch dies hier soll ein Plädoyer für alle gebrochenen Kinder, für alle verlorenen, verwundeten und kranken Seelen sein, die sich aufgegeben haben, weil sie aufgegeben wurden, die sich selbst vergessen und nicht mehr zurückgefunden haben auf den Weg, der zur Erlösung und zur Heilung führt. Hört gut zu: Ihr seid freizusprechen von allen Vorwürfen, die je gegen euch erhoben wurden, seid nicht schuld an dem, was sie euch angetan haben, vergesst das nie. Sie wollten euch zerbrechen, wollten euch die Kraft der Liebe und des Lebens rauben – und trotz allem steht ihr noch hier und trotzt der Brandung wie ein Fels, der sich nicht vertreiben und zerstören lässt. Und es gibt nur ein Wort, das mir hierzu einfällt: bewundernswert, ja, das seid ihr …

꙰ ✧ ꙰

Die Last auf meinen Schultern wiegt noch schwerer als der schwerste Fels und ist mir ungeheuer und kaum auszuhalten. Doch ich mache weiter: weil ich an das Gute und an einen Wendepunkt in meinem Leben, an ein neues Morgen und ein schmerzbefreites Sein auf Erden ohne Dunkelheit und Trübsal, ohne Angst vor dem, was kommen und mir schaden könnte, glaube und gewillt bin, alle Ketten, die mich heute noch umgeben, zu zerstören und zu sprengen …

꙰ ✧ ꙰

Wahnsinn, dass ein Mensch so viel überstehen, so viel überleben kann, dass er so lange auf die Zähne beißen kann, ohne daran zugrunde zu gehen – dass er trotz allem noch die Kraft dazu besitzt, den finalen Kampf zu fechten und zu ihn zu gewinnen. Du solltest stolz auf dich sein, nein, du musst es fast …

꙰ ✧ ꙰

Du hast das Zeug dazu, dich freizumachen von den Zweifeln, die dich bremsen und daran hindern möchten, alles das, was noch kommt und sich dir offenbaren möchte, zu ergreifen und es in Besitz zu nehmen – und trägst alle Kraft und Zuversicht in deinem Herzen, zu dir selbst zu finden und zu überhören, was sie dir an bösen Worten in dein Ohr, in deinen Geist zu legen versuchen …

⚮✧⚭

Eines ist in Stein gemeißelt und gewiss nicht abzustreiten: dass wir uns erneuern und den Staub des Gestern von uns streifen, dass wir uns befreien und erheben werden – noch bevor die Nacht es schafft, die kalten Ketten großer Furcht um unser Herz zu legen und uns zu versklaven …

⚮✧⚭

Manchmal ist es ratsam, einen Schritt nach hinten zu machen und sich aus einer anderen Perspektive zu erleben, aus der des Beobachters – desjenigen, der erkennt, wie sehr man sich umsonst das Leben schwermacht und durch Selbstzweifel in Ketten legt. Wieso zweifelst du? Du musst das nicht tun, lass es sein, lass es los …

⚮✧⚭

Du hast es lange genug mit dir herumgetragen, hast dich lange genug davon beherrschen und dich leiten lassen; viel zu lange, um genau zu sein. Doch nun ist es Zeit, dass du es gehen lässt, dass du dich freimachst von der Schwere, die dich in die Tiefe ziehen und ertränken möchte – dass du es dem Frühlingswind auf seine Reise durch die Täler dieser Erde mitgibst und es gehen, es von dannen ziehen und es heilen lässt. Denn das Glück gehört dir, dir allein, Menschenkind …

113

Die Tatsache, dass du mich nicht nach dem beurteilst, was ich an Materiellem, an weltlichen Dingen besitze, sondern ganz allein nach dem, was ich in meinem Herzen trage, ist das Rührendste, was meiner Seele nur hätte zuteilwerden können …

Ich bin der Gegenpol zu all den Schmerzen, die dein Herz befallen, bin das Licht, das tief in dir, in deinem Innern schlummert und von Schönheit eingenommen und geleitet ist – und bin bei dir, wenn du deinen Glauben an dich selbst und dieses Leben, an ein gutes Ende ohne Traurigkeit verlierst …

Es ist wahr: Irgendwann kommt der Punkt, an dem man sich gerade macht, an dem man nichts mehr an sich ranlässt und wie wild um sich schlägt. Weil man müde ist von all den Stichen und Verletzungen, von den Vorwürfen, die der Seele schon zu lange zugesetzt und sie beschädigt haben. Die Kunst besteht jedoch darin, sein Herz trotz allem nicht zu verschließen und die Grenze des Sich-Erwehrens und des gänzlichen Boykotts von Liebe nicht verschwimmen zu lassen miteinander. Denn nicht jeder, der mit einem Schwert an uns herantritt, hat auch die Absicht, es zu unserem Nachteil einzusetzen – oftmals ganz im Gegenteil …

Nimm den Mann, der dich erträgt, wenn du es selbst nicht kannst, der mehr an deinen großen Sieg glaubt als du selbst. Nimm den Mann, der nicht groß redet, sondern handelt und nicht zögert, der nicht nur zur Show und für andere dein Herz berührt. Nimm den Mann, der glücklich ist, wenn du es bist, der sich einsetzt für dich und für dein Seelenheil – dann, wenn du so zerfressen bist von deinen Zweifeln, dass du diese Welt nicht mehr verstehst …

Kopf hoch, kleiner Kämpfer: Der letzte Würfel ist noch nicht gefallen – und die letzte Sonne ganz gewiss noch nicht im Abendrot versunken. Und auch wenn du glaubst, dass alles sinnlos ist, dass der Kampf, den du hier führst auf Erden, niemals siegreich enden wird für dich, so vertraue doch auf diese leise Stimme, die verschüttet unter Tausenden von Zweifeln und der Angst, nicht gut genug zu sein, in deinem Herzen liegt und dich erreichen und erwecken möchte. Erhöre sie und lausche, was sie dir zu sagen hat und sei sicher, dass sie dich vorbeizuführen weiß an allem Übel, welches durch die dunklen Nächte zu dir dringt und dich ins Stolpern bringen möchte – dass sie dich erlösen wird von diesen schweren Zeiten, die dich beten und bangen, die dich hoffen und verzweifeln lassen …

Und wenn es meine Aufgabe sein soll, Schönheit in diese Welt zu tragen, wenn ich hierhergekommen bin, um meine sanften, zärtlichen Gedanken mit den Menschen zu teilen, dann möchte ich mich mit der letzten Faser meiner Seele in den Dienst der Sache stellen und ein Feuer in der Nacht für dich entzünden und dir helfen, deinen wahren Wert, deinen himmlischen Kern wiederzuentdecken – und dir so lange davon erzählen, wie unverzichtbar du bist für mich, bis du wieder zu dir kommen und dich den Schatten deiner selbst entgegenstellen und sie verscheuchen darfst ...

80 ✧ ଔ

Bevor du mit dem Gedanken spielst, andere zu retten, rette erst einmal dich selbst. Achte auf dein Herz und darauf, dass es stets im Takt und für die Hoffnung, für das Hier und Jetzt und für das Morgen, für die Zukunft schlägt. Achte auf dein Wohlergehen und dein Befinden: Setz dich selbst an die erste Stelle und nicht andere, die nicht wie du sich opfern und für ihresgleichen kämpfen würden. Du bist der wichtigste Mensch in deinem Leben, vergiss das nicht – und nur, wenn du heil, wenn du ganz und wohlauf bist, wenn du dich selbst behandelst wie ein wertvolles, göttliches Geschöpf, kannst du auch für all jene, die du liebst und die dir am Herzen liegen, dienlich sein ...

☙✧❧

Ich weiß nicht, ob es das Donnern und Blitzen jener unheilvollen Sommernacht oder einfach nur die Wärme meines Körpers war, die sie zum Bleiben bewegte: Doch letzten Endes schmiegte sie sich an mich und wir schliefen ruhig und selig ein – und das ohne eine Sorge, ob der Morgen uns den nächsten Sonnenaufgang vorenthalten, ihn uns stehlen könnte. Und es war das Beste, was sie nur hätte tun können …

☙✧❧

Jedes Wochenende spiele ich Lotto; und jedes Mal bin ich der festen Überzeugung, dass ich gewinnen werde. Denn trotz der geringen Chancen, die sich mir bei alledem eröffnen, bin und bleibe ich doch ein Kind des Aufbruchs und ein Träumer, der dem Optimismus zugetan und sich den Wundern dieses Lebens gewahr und aller Kraft des Lichtes Diener ist …

☙✧❧

Geliebt zu werden für das, was ich bin: Das war von Anfang an mein Traum, seit Geburt an schon. Und er wurde wahr, als du dich meiner annahmst und mir mit Worten, mit deiner Aufmerksamkeit und Fürsorge gezeigt hast, dass ich so viel mehr bin als nur eine Nummer, als ein ersetzbares Fragment menschlicher Überreste, welches im tiefen, dunklen Ozean umhertreibt und sang- und klanglos untergeht …

Und wenn ich noch so viele andere berühren und in weißen Laken spüren und ertasten könnte, so ist sie doch die Einzige, die ich am Ende wählen würde: weil sie all das auf den Fahnen, in der Seele trägt, was ich als Mensch, als Reisender auf Erden mit dem Herzen fühlen und erleben möchte – und es mir in monderhellten, sternenklaren Nächten ohne Trauer, ohne Angst vor morgen schenkt und offenbart …

ॐ ✧ ൠ

Ich fühle mich so wohl bei dir: so wohl, dass ich die Zeit und alles um uns herum vergessen und mich ganz in diesen Augenblicken, in denen wir uns in herzberührender Absicht einen, treiben lassen möchte. Und ich möchte nicht nach draußen, will nicht weg von dir und deiner Wärme, die mir selbst im kältesten und längsten Winter noch das Leben und die Hoffnung schenkt und mich vor Gänsehaut, vor dunklen Stunden ohne Sonnenlicht und Aussicht auf die Dämmerung des neuen Morgenrots bewahrt. Denn wenn ich eng umschlungen mit dir auf den Frühling warte, wenn wir Arm in Arm in weichen Federn liegen und uns schwören, dass es nirgends auf der Welt mehr Liebe geben kann für uns als hier, dann weiß ich ganz gewiss, dass du für mich geschaffen wurdest und es richtig ist, trotz all der Krisen, die uns schütteln und uns beuteln, an dir festzuhalten und den Weg mit dir vereint zu gehen …

᷄✧᷂

Hoffnung heißt, im Dunkeln nach dem Lichtschalter zu suchen, von dem man nicht einmal weiß, ob es ihn gibt. Hoffnung heißt, sich aufzuraffen, ohne dass man weiß, ob es sich je auszahlen, ob man sich am Ende selbst belohnen, sich zusammensetzen und befreien wird. Doch wenn du einmal ehrlich bist, fühlst du es doch, tief in deinem Innern – und du hörst es: das Rufen deiner Seele, das dich auf den richtigen, den vorgezeichneten Weg führen und dich erlösen, dich hinaustragen möchte in die Weiten dieser Welt und ihre sonnengeküssten Felder und die Wiesen, die gesäumt sind von der Blüte bunter Blumen und der Schönheit eines Geistes, der es gut mit uns und dieser Erde meint …

᷄✧᷂

Manchmal ist es nicht das Lied an sich: Manchmal sind es einfach die Momente, die wir in dem Augenblick Revue passieren lassen, wenn wir es zu hören kriegen und es uns're Ohren streichelt – wenn wir mit den Zeilen, dem Gesang und jener Melodie connecten, die uns damals schon, als wir den Blick auf rotgetränkte Sonnenuntergänge warfen, Liebe beieinander finden ließ und uns von all den Sorgen dieses Lebens freisprach und sie an den Mondschein und die Nächte voller Hoffnung gab …

Die Mauer, die du um dich herum gebaut hast, um-
fliege ich wie ein Vogel, wie ein Adler, der sich tragen
lässt vom Sommerwind und seine Träume sieht am
Horizont. Und wenn ich gelandet bin, wenn ich Zu-
gang erhalten habe zu deinem versteckten, wohlbe-
hüteten Königreich, werde ich alles dafür tun, um es
vor den brandschatzenden Horden dieser Welt zu
schützen …

സ◇ඖ

Du suchst mich und du hörst nicht auf damit: weil du
weißt, dass es mich gibt, weil du mich verzweifeln
und mich lachen sahst in deinen Träumen, weil du
mich geküsst und mich geliebt hast dort. Und auch
ich hab dich gesehen, hab gehört, wie du geweint
und dich verzehrt hast nach den Händen, die dich
trösten und dich alles Leid vergessen lassen: nach
den meinen, die so stark und doch so heilsam sind
für dich, dass du dich nicht wehren würdest, wenn sie
dich ergründen, dich erforschen und beruhigen woll-
ten. Und ich möchte, dass wir uns ein Versprechen
geben: dass, wenn wir uns das nächste Mal im Traum
berühren, wir uns sagen, wo wir uns denn finden im
realen Leben …

Du hast nie hingeschmissen und dich weggegeben an Bequemlichkeit und angsterfülltes Rausgerede, hast nie aufgesteckt und dich an all das Leid verraten, das nach deiner Seele gierte und dir schaden wollte. Und jetzt lass den Kopf nicht hängen, es ist noch nicht vorbei: Denn was folgt ab jetzt, ist der Aufstieg in lichte Welten, die vor dir noch keiner so genießen und erleben durfte …

ജ✧ca

Es ist nicht wichtig, wo du dich gerade befindest in deinem Leben. Wichtig ist nur, wo du dich in ein, zwei Monaten, in einem Jahr siehst – dass du deine Bemühungen mit Feuer im Herzen dahingehend aus-richtest, dein Ziel, deine Vision zu verwirklichen. Alles ist möglich, solange du im Glauben an deine Träume bleibst und mutig deinen Weg beschreitest … Vielleicht hat es nicht geklappt, weil du etwas Besse-res verdient hast. Vielleicht seid ihr nicht auf einen grünen Zweig, auf einen Nenner gekommen, weil das Leben mehr, so viel mehr für dich und dein von Liebe erfülltes Herz vorgesehen hat – und vielleicht stehst du kurz davor, denjenigen zu finden, der dir auf diese Erde gefolgt ist, um dir gutzutun und dich zu lieben, wie es niemand sonst zuvor getan hat ...

☙ ✧ ❧

Wenn du allen Grund dazu hättest, dich in Negativi-
tät und Wut, in Unversöhnlichkeit und nicht enden
wollender Rachsucht zu suhlen, es jedoch vorziehst,
dein Antlitz der Sommersonne und ihrer heilsamen
Energie zuzuwenden, bist du ein Gewinner, wie er im
Buche steht. Und wenn Liebe Kapitän sein darf auf
der Brücke deines Lebensschiffes, ist aller Hass ver-
gessen und dein Herz im ewigwährenden Glauben an
die Zukunft und dein dauerhaftes Wohlergehen ...

☙ ✧ ❧

Wenn es nicht mit Leidenschaft und Gefühl geschieht,
wenn es dich nicht auf positive Art und Weise in den
Grundfesten deines Herzens berührt und nach oben,
in nie erreichte Höhen trägt, möchtest du es nicht
spüren, nicht erleben – und das verstehe ich voll-
kommen ...

☙ ✧ ❧

Ich glaube an die Unsterblichkeit der Liebe, daran,
dass sie alles Körperliche überdauern und niemals
vergehen wird – ich glaube, dass die Menschen sich
auf ewig Geschichten von verlorenen Herzen erzäh-
len werden, die sich verzweifelt suchten und sich
fanden ...

༺✧༻

Man sagt, dass eine Wunde erst verheilen kann, wenn sie gründlich gesäubert wurde, dass der Schmerz der Vergangenheit erst von uns lassen kann, wenn wir unseren Frieden mit dem, was geschehen ist, gemacht und das Erlebte als Teil des Lebens, als Lektion, als Lehrstunde des menschlichen Daseins anerkannt und akzeptiert haben. Doch ist das wirklich wahr? Ist es wirklich möglich, einfach so zu vergessen und weiterzuziehen? So, als wäre stets nur Licht und niemals Nacht der Herr gewesen über unser Menschsein? So, als hätte uns nie etwas verletzt und unsere Seele in Bedrängnis gebracht? Ich denke nein, gewiss nicht. Doch vielleicht geht es einfach darum zu begreifen, dass alles seinen Sinn so hat, wie es sich zuträgt, wie es geschieht auf dieser Erde, auf diesem blauen Planeten – und wir nur auf jene Art und Weise das bestmögliche Wachstum, die größtmögliche Entwicklung und Erkenntnis erfahren können. Nein, manche Wunden verheilen wohl nie, doch wenigstens teilweise …

༺✧༻

Deine Zeit zu scheinen steht kurz bevor – du bist nur noch etwas abgedeckt wie die Sonne, die sich hinter Wolkenschleiern vor der Welt versteckt und ihren Auftritt auf der Erde plant …

ℬ ✧ ℛ

Respekt an alle Seelen, die ein schweres Leben haben und die dennoch stark genug sind, ihren Frust nicht an ihresgleichen auszulassen. Doch wie könnte es auch anders sein? Denn nur, wer erfahren hat, wie hoffnungslos Dunkelheit und Leid im Herzen eines Menschen wüten können, besitzt auch genügend Empathie, sich anderen anzunehmen und sie zu behüten vor den Schatten, die auch sie in kalte, hoffnungslose Nacht entführen wollten …

ℬ ✧ ℛ

Ich gebe auf: Ich gebe es auf, mich zu beschweren, ich gebe es auf, anderen die Schuld zu geben und mich selbst in schlechtem Licht zu sehen. Ich gebe es auf, dem Groll des Vergangenen nachzuhängen und mich einem Wandel zu verwehren, der mir guttut, der mich ganz und heil werden lassen möchte. Ich gebe es auf, andere beeindrucken zu wollen, gebe es auf, mein Leben danach auszurichten, dass sie mich in ihre Mitte nehmen und mich akzeptieren – denn ich weiß nun ganz genau, was ich mir wert bin und dass ich nicht mehr angewiesen bin auf ihre süßen Worte, ihre leeren Schwüre, die sie ohnehin nur geben, um sie kurz darauf zu brechen. Ach ja: Und ebenso gebe ich es auf, weiterhin an die Grenzen zu glauben, die ich mir unbewusst und voller Furcht vor langer Zeit an dunklen Tagen einstmals setzte …

»Was für eine Frau suchst du?«

»Eine Blondine, eine Blondine mit blauen Augen und tollem Lächeln.«

»Das meinte ich nicht.«

»Was dann?«

»Wie sie sein sollte, was die darstellen sollte, das meinte ich.«

»Versteh ich nicht.«

»Ich erklär es dir. Die Eine, die mich mehr berührt, als alle anderen, die mich wiegt in ihren Armen, wenn ich abgekämpft und müde bin vom Leben, die mich mit Verständnis und mit Liebe an sich zieht und nicht mehr gehen lässt in tiefer, dunkler Nacht: Sie ist es, die ich suche in der Welt, die ich bei mir wissen will und küssen will an jedem neuen Tag, den ich hier auf der Welt verbringe – bis der letzte Sonnenstrahl dies Land berührt und uns verlässt.«

»Ich glaube, der Alkohol tut dir nicht gut.«

»Nein, ein Leben ohne sie, das ist es, was mir nicht guttut. Die ewige Suche nach der Einen, die sich von mir streicheln und beruhigen lässt und mir selbst dann noch vergibt, wenn ich mir selbst nicht mehr vergeben kann: Das ist es, was mir nicht behagt und mir die Kraft zum Leben entzieht.«

ɛ๏ ✧ cȝ

Weil deine Nähe das Einzige ist, das mich beruhigt auf dieser Welt, weil nur du die Gabe hast, mich zu bändigen, wenn ich mir mal wieder selbst im Wege stehe und mir schaden möchte – weil ich mich so angekommen und zu Hause, mich verstanden und behütet fühle, wenn ich mit dir auf dieser Erde bin und deine Liebe, deine herzerwärmende, reine Liebe spüren und erleben darf: Deshalb ist mein Herz bei dir daheim und sicher …

ɛ๏ ✧ cȝ

Manche Menschen werden sich nie ändern, niemals. Und es ist auch nicht deine Aufgabe, sie dazu zu bringen, sprich, dich ihren Launen auszusetzen, sie zu ertragen. Lass sie einfach so, wie sie sind und geh den Weg, den du bestimmt bist, auf der Welt zu gehen – denn auf dich und auf dein Wohlergehen zu achten ist von größerer Bedeutung, als es allen um dich herum recht zu machen und dich für sie aufzuopfern …

ɛ๏ ✧ cȝ

Wenn du zu mir hältst, dann gehe ich mit dir durchs Feuer. Wenn du dich zu mir bekennst, wenn du den Weg mit mir gemeinsam gehst und dich den Schatten dieser Erde, den Hürden dieses Daseins stellst mit mir, heb ich dich empor und lass nicht ab von unserem Versprechen, uns zu tragen und zu heilen – nein, niemals …

Manchmal müssen wir Neuland betreten und uns einfach trauen, manchmal müssen wir über unseren Schatten springen und es wagen, uns weiterzuentwickeln: Denn nur so können wir am Ende auch belohnt und geheilt werden, nur so ist es uns erlaubt, all das zu verändern, von dem niemand geglaubt hätte, dass es je zu ändern sei. Manchmal müssen wir eine kleine Abzweigung nehmen, eine versteckte Seitengasse nutzen: weil der direkte Weg zum Ziel versperrt ist. Manchmal ist es vonnöten, dass wir umdenken und geduldig mit uns selbst und unseren Herzen bleiben: Um die Träume, die wir schon so lange als verwirklicht sehen möchten, auf die Erde zu holen und sie endlich in unseren Händen halten und begrüßen zu dürfen – denn es ist ein offenes Geheimnis, dass Beharrlichkeit und Ausdauer die wirkungsvollsten Schlüssel zur Erfüllung unserer Wünsche, unserer Sehnsüchte sind …

ഉ✧ର

Ich will dich nicht besitzen, niemals. Ich will dich frei und unbesorgt, vom Sommerwind getragen und beflügelt sehen: und nur dann an meiner Seite wissen, wenn du es denn wirklich wünschst, wenn du gemeinsam mit mir leben und genießen möchtest – wenn du das Bedürfnis hast, ein Herz bei dir zu haben, das dich liebt und siegen sehen möchte …

Es tut nichts zur Sache, auf welcher Schule du warst, wo du herkommst und wie viel Geld, wie viele Dinge du besitzt auf deiner Reise durch das Leben: das einzig Ausschlaggebende, das dich als empathisches, mitfühlendes Wesen, als liebevollen Teil dieser Gesellschaft qualifiziert, ist die Art, wie du die Menschen um dich herum behandelst und dieses Leben lebst und dich verhältst: wie gut du die Flamme, die seit Anbeginn dir innewohnt, kontrollierst und sie beherrschst – ob du diese Welt damit verbrennst oder ihr ein warmer Mantel bist in kalten Tagen …

ဢ ✧ ぬ

Wir alle suchen das große Glück und vergessen dabei viel zu oft, einfach mal zur Seite zu blicken und die Menschen wertzuschätzen, die mit uns seit vielen Jahren durch das Leben gehen und uns treu ergeben Kraft und Unterstützung schenken – und selbst dann noch bei uns sind, wenn nichts als Ärger und Probleme an uns haften und versuchen, uns kleinzukriegen. Drum sei dankbar für die Seelen, die durch alle Stürme dieses Lebens mit dir schreiten und sich um dich scharen wie ein Rudel Löwen, das dir Schutz gewährt und dich bewahrt vor den Gefahren dieser Welt und ihren nicht enden wollenden, dunklen Tagen voller Unbehagen …

ॐ ✧ ☙

Ich verstehe deine Ängste, ich verstehe, dass die schlechten Erfahrungen, die du gemacht hast, dein Herz mit Misstrauen gefüllt und deine Aussicht auf die Zukunft verdunkelt haben. Doch ich kann dir mit Gewissheit sagen, dass du deine Seele nicht länger verschließen und verschleiern musst: Denn es gibt noch gute Menschen dort draußen in der Welt – Menschen, die gegen Teufel und Dämonen für dich kämpfen und sie aus dem Warteraum deines Herzens drängen und dich küssen möchten, bis du wieder heil und ohne Schmerzen bist …

ॐ ✧ ☙

Wenn du es zulässt, dass sie auf dich drauftreten, wenn du dich nicht zur Wehr setzt und ihnen ihre Grenzen aufzeigst, werden sie niemals damit aufhören, dir wehzutun. Und die Wut, die du herunterschluckst, wird dich krankmachen und verzweifeln lassen, bitte glaube mir. Darum trau dich: Hau auf den Tisch und vertreibe sie aus deinem Reich des Lichtes. Sorg dafür, dass sie vor dir flüchten und in Dunkelheit erstarren, dass sie zu Staub zerfallen und bis in alle Tage nicht mehr wiederkehren. Du musst nur einmal den Mut aufbringen und dich gerademachen – und du wirst erstaunt darüber sein, wie schnell sie von dir lassen und nach dorthin zurück verschwinden, von wo sie einst gekommen sind …

Gemeinsam, mit vereinten Kräften, wird es uns dann doch noch offenbar, dass wir uns neu formieren und der Nacht und ihren kalten Schatten unser Herz und uns're Seelen gegenüberstellen und den Kampf um Morgenlicht und Hoffnung für die Kinder dieser Welt entscheiden dürfen – auch, wenn dieser Tage unser Niedergang besiegelt und die Menschlichkeit auf Erden fast verloren scheint …

ഊ ✧ Ꮷ

Du bist jung, so jung. Und hast dich schon abge-kämpft und gelitten für zehn ganze Leben, es ist wahr. Doch wenn du jetzt aufgibst, ist alles davon umsonst gewesen, alles. Gib nicht auf, kleiner Kämpfer: Noch ist nichts verloren, kein bisschen – auch wenn dir so vieles schon widerfahren und als dunkler, unheilvoller Schatten über dein Herz, über dein leiderprobtes Herz gehuscht sein mag …

ഊ ✧ Ꮷ

Ich liebe es, mit dir unter den Wipfeln der Bäume zu liegen und deine Lippen dabei zu beobachten, wie sie sich auf- und abbewegen, wie sie Worte der Magie, der Schönheit sprechen und mich betören – wie der Wind durch deine Haare streift und du dich an mich schmiegst, um mit deinen Händen einen Weg in den Himmel für uns zu zeichnen …

❧✧❧

Wenn es als altmodisch verschrien ist, einer Frau die Tür aufzuhalten und ihr die Einkaufstüten zu tragen, dann möchte ich nicht länger Teil dieser Gesellschaft sein. In meiner Welt beschützt ein Mann seine Frau, egal, wie selbständig sie auch sein mag – dafür wurde er schließlich geschaffen …

❧✧❧

Was zu dir gehört, das bleibt – was nicht, das nicht. Mach dir keine Sorgen um Eventualitäten und im Raum stehende Optionen bzw. versuche nicht, etwas auf Biegen und Brechen zu erzwingen. Das Leben liebt dich und du bist gesegnet, mehr musst du nicht wissen …

❧✧❧

Ungerecht behandelte Seelen mögen manchmal schweigen, doch sie werden nie vergessen. Und es wird der Tag kommen, an dem sie das, was ihnen angetan wurde, in Freud und Glück zurückgezahlt bekommen – ganz bestimmt …

❧✧❧

In einer Welt, die ihr Hauptaugenmerk auf Äußerlichkeiten, auf Follower und Likes, auf oberflächliche, lustlos dahingeschriebene Kommentare legt, möchte ich in die Tiefen deiner Seele tauchen und Schätze emporheben vom Grunde deines Herzens …

80✧CR

Manchmal begegnen sich zwei Seelen so oft wieder, bis sie begriffen haben, dass sie geschaffen sind füreinander – bis sie die Gewissheit erlangt haben, dass sie selbst in tausenden von Leben nicht voneinander lassen und sich widerstehen können werden. Doch dieses Leben wird schon sehr bald dafür sorgen, dass wir all jene treffen, die uns suchen und die Güte für uns aufbewahrt und übrighaben. Und bevor der kalte Winterwind erneut die Symphonie der Wehmut anstimmt und die tristen Tage dunkler Monate nach uns greifen können, liegen wir schon eng umschlungen vor dem Feuer und schenken uns die Liebe, die uns seit Beginn an durch die Zeiten trägt …

80✧CR

Es wundert nicht, dass viele Frauen Hemmungen haben, sich vor einem Mann zu zeigen: so, wie Gott sie schuf, meine ich. Denn das Schönheitsideal, das in den Medien suggeriert wird, lässt kaum mehr Platz für Ecken und Kanten, für Unperfektes, das von Natur aus perfekt ist. Dabei ist es ein ganz eigener Irrsinn, der von oben auf diese Welt, auf ihre Menschen losgelassen wurde – und das natürliche, gottgegebene Wesen der Frau ist die Wahrheit, die schon sehr bald zur Wiederauferstehung schreiten und erstrahlen wird auf dieser Erde …

そ✧α

Weil ich weiß, was es bedeutet, seines Wertes beraubt und hintergangen zu werden, weil ich erfahren habe, was es heißt, nie gut genug zu sein für gewisse Menschen: deshalb sage ich dir, dass du richtig bist, wie du bist, dass du dich nicht zu schämen brauchst für deine Schwächen, deine Makel – an keinem einzigen dieser Tage, die du dich erfreuen darfst über dein Leben, über deine Existenz auf Erden. Und wenn du wieder mal vorm Spiegel stehst und auf dich selber schimpfst, umarme ich dich sanft von hinten und drücke dich ganz fest an mich und meine Seele: damit du nicht mehr auf deine scheinbar unperfekten Stellen zeigen und dich beruhigen kannst in meinen dich behütenden und starken Armen …

そ✧α

Du wirst es überwinden, wirst bald frei und unbesorgt durch dieses Leben gehen und es dir zu eigen machen: Denn du bist an diesen Ort gekommen, um zu scheinen und zu strahlen – nicht, um dich in dunklen Winkeln zu verstecken und der Nacht und ihren kalten Winden deine Seele als ein Mensch, ein Wesen dieser Welt zu schenken und dich abzuwenden von der Schönheit deines Daseins. Denn vergiss nicht: Es schlummert etwas in dir, das in manifester Form auf diese Erde finden und sie zur Erlösung führen möchte …

Sie ist ihr eigener Chef in ihrer kleinen, heilen Welt, ihrem Königreich des Lichts. Sie ist nicht darauf erpicht, dass ein edler Ritter für sie kämpft und sie vor Drachen schützt, dass ein Ehrenmann geritten kommt und ihre Tragik regelt. Und das, was sie geschaffen hat, hat sie sich ganz allein erkämpft, ohne fremde Hilfe und Gefälligkeiten. Sie ist sehr kalt und reserviert, zumindest in der Welt dort draußen. Und ja, sie versteckt ihr Feuer vor den Menschen: damit sie nicht noch einmal büßen muss für ihr blindes Vertrauen, ihre Arglosigkeit. Doch als sie seine Augen sieht, wird ihr klar, dass sie sich ihm öffnen muss – um noch einmal schwerelos und frei zu sein …

৪১ ✧ ୦৪

Du hast geweint und mir dein Geheimnis anvertraut in jener Nacht – und ich werde mich davor hüten, es jemals mit einer anderen Seele, einer Seele, für die es nicht bestimmt ist, zu teilen und hinauszuposaunen in diese große, weite Welt. Denn was wir damals, umgeben von flackerndem Kerzenschein gesprochen und uns überlassen haben, bleibt auf ewig ein verschwiegenes Bündnis zwischen Zweien, die sich lieben und niemals verraten würden …

∽✧⌇

Unser Herz wird weiterschlagen und nicht welk und müde werden – daran kann auch keine Spukgestalt dieser Welt etwas ändern, bitte glaube mir. Und es ist egal, wie oft wir auf dem Weg verletzt, verraten und hintergangen wurden: Solange wir im Glauben an uns selbst bleiben, solange wir uns trauen, den nächsten Schritt zu machen, wahren wir uns die Chance auf einen guten Ausgang aller Dinge und ein glückerfülltes Dasein, das den Stürmen dieses Lebens trotzt und sie vertreibt …

∽✧⌇

Wenn du deiner Seele geduldig gegenübertrittst, wenn du ihr den Raum gewährst, den sie zum Wachsen braucht und ihr nicht böse bist, wenn sie es nicht gleich so macht, wie du es möchtest, dann sei sicher, dass der Weg in eine wundervolle Zukunft für dich frei und bereits geebnet ist …

∽✧⌇

Du hast so viele Abstriche gemacht, hast so viel verzichtet und dich stets hintangestellt, hast deine Bedürfnisse immerzu denen anderer untergeordnet. Jetzt ist die Zeit gekommen, dich endlich um dich selbst zu kümmern – das hast du so lange nicht mehr…

৩০✧ଓ

Wenn du jede Entscheidung deines Lebens danach ausrichtest, was andere von dir denken könnten, wirst du niemals zu dir selbst finden. Deshalb ist es wichtig, dass du über deinen Schatten springst und es machst, es einfach machst und dich nicht schämst und keine Angst hast – denn dafür gibt es keinen Grund, gewiss nicht ...

৩০✧ଓ

Wenn du wüsstest, welch harte Schlachten ich im Verborgenen zu schlagen habe, wenn du wüsstest, welch aussichtslose Kämpfe ich hinter verschlossenen Türen zu führen habe; du wärst freundlicher und nicht so rücksichtslos im Umgang mit mir und meinem Herzen. Denn weißt du: Nicht jeder, der nach außen hin glücklich erscheint, ist es auch, nicht jeder, der stark und unverletzbar wirkt in diesem Leben, hat in Wahrheit auch genügend Kraft, um weiterzulaufen, wenn die Füße schwach und müde werden. Und oft sind es auch nur die Masken, die wir aufsetzen, um nicht angreifbar zu wirken in der Welt der Schatten – einer Welt, die wir als starke, unbesiegbare Helden durchschreiten, um darüber hinwegzutäuschen, wie arg es doch in Wahrheit bestellt ist um unser Inneres, um unser Herz und unsere Seele …

ფ✧თ

Ich werde mich immer vor dich stellen und dich be-
schützen: Weil ich selbst nicht zähle, wenn es um
dein Wohlergehen geht, weil ich alles Übel dieser
Welt bekämpfen würde, nur, um dich in Sicherheit zu
wissen. Denn du bist der Mensch, der mir geholfen
hat, das Tief, in das man mich gestoßen hat, zu
überwinden und zu meistern …

ფ✧თ

Liebe bedeutet, keine Erwartungen an den anderen
zu haben, Liebe bedeutet, die Zeit mit seinem Ge-
genüber zu genießen: Denn ist sie doch das Wert-
vollste, das wir nur besitzen können. Liebe bedeutet,
zuzuhören, wirklich zuzuhören. Und zu lernen, zu
helfen – nicht, um den nächsten Satz, den nächsten
Schwall an Worten, an Ergüssen aus der Welt des
Irdischen zurückzuhalten. Liebe bedeutet, einen
Schrein für eine andere Seele zu erbauen und eine
Kerze davor anzuzünden …

ფ✧თ

Vergiss bitte nicht, dass es noch Menschen gibt dort
draußen, die wie du die Welt erleben, die wie du nach
Liebe suchen und nicht aus Verrat und List ihr täglich
Brot beziehen – Menschen, die noch großen Wert auf
Treue und Verlässlichkeit, auf die Tugenden der alten
Schule legen und sich nach Zusammenhalt und Liebe
sehnen …

ജ✧ର

Das Böse hat unser Augenmerk auf Äußerlichkeiten, auf Oberflächlichkeit und körperliche Vergänglichkeit gelenkt. Und es so geschafft, uns von unserem wahren Wesen, unserer heiligen Essenz auf Erden zu trennen – und diese Welt in ein Chaos zu stürzen, das sie ihres Wertes und aller einfühlsamen Zwischenmenschlichkeit beraubt hat. Doch wenn wir erkennen, was hier gespielt wird, wenn wir es schaffen, wieder aufrecht und mit Ehrgefühl im Herzen aufeinander zuzugehen, wenn wir uns nicht länger einem satanischen Ideal beugen, das nur Verlierer und kein Licht am Ende eines langen, dunklen Tunnels kennt, dürfen wir uns endlich wieder als Kinder dieser Erde begegnen und einander Liebe und Worte voller Frohsinn schenken …

ജ✧ର

Gibt kein' Grund mehr jetzt für dich, die Tränen deiner Seele dieser Welt zu schenken und den Zeiten, die einst waren, nachzutrauern: Denn du bist im Hier und Jetzt nun und auf deinem Weg ins Licht, ins Glück der Ewigkeit und schönen Träume. Und wenn du das liest, dann wisse, dass – egal, wie aussichtslos dein Leben sich gestalten mag dieser Tage – deine Seele schon sehr bald ans Ende dieses dunklen, hoffnungslosen Tunnels finden und die Liebe, die sie sich ersehnt und nie gefunden hat, fest umarmen und genießen wird …

એ✧ભ

Ich nehme einmal, nur einmal den Stift in die Hand und gebe dir mit Zeilen, mit aufs Blatt gebluteten, wundersamen Gedanken mehr, als sie es mit ihren oberflächlichen, auswendig gelernten Sprüchen und Floskeln je tun könnten – und bin dennoch ein Mann wie sie, nur etwas anders. Das heißt, dass auch ich an der Verschmelzung unserer Körper, unserer liebeshungrigen Hände und Lippen interessiert bin, keine Frage. Doch im Gegensatz zu ihnen möchte ich obendrein noch in den Genuss deiner Seele, deiner weltlichen Ansichten kommen, welche dir und deinem Herzen innewohnen …

એ✧ભ

Vergiss nicht: Wenn du es für dich selbst und niemand anderen tust, dann bist du frei. Mach dich selbst und nur dich selbst zufrieden, höre auf dein Herz, auf seine Worte: lausche seinem Flüstern, wenn es dir in warmen und von Grillenzirpen erfüllten Nächten wispert, wo es dich gern sehen würde und wie sehr du es verdient hast, endlich frei und glücksbeseelt durch diese Welt zu gehen. Denn den ersten Schritt des Lebens, den hast du ganz allein gemacht – ohne dass dir je ein anderer dabei geholfen hätte. Und du schaffst nun auch die anderen, ohne jeden Zweifel …

Ich zeig dir meine Stadt, ich zeig sie dir im Morgen-
und im Abendrot – ich zeig dir, wie man lebt und
liebt, wie man berührt, ganz ohne dass man sich mit
Händen anfasst und die Hüllen fallen lässt …

ᔥ ✧ ᔑ

Auf die Meinung anderer pfeifen zu können, ist ein
Talent, das man wohl aus anderen Leben hierher
mitgebracht hat – oder zumindest bei Eintritt in diese
Welt, bei Geburt, erworben und in Besitz genommen
hat. Wie auch immer: Falls du nicht damit ausge-
stattet sein solltest, ist das gewiss kein Beinbruch,
geschweige denn ein Grund zum Verzweifeln, keine
Sorge. Denn besagte Fähigkeit kann, mit etwas
Übung, mühelos in das Alltagsgeschehen integriert
werden, bitte glaube mir …

ᔥ ✧ ᔑ

Wo auch immer du dich gerade befinden magst in
deinem Leben, wo auch immer du gerade festzu-
stecken und nicht voranzukommen scheinst auf
deinem Weg auf Erden: es ist nicht das Ende, es ist
der Anfang – weil du auf diese Welt gekommen
bist, um Glück und Liebe zu empfangen und nichts
anderes …

＄⋄＄

Wenn du dich auf mich einlässt, wirst du schnell merken, dass ich nicht so bin wie die anderen. Ich sage nicht, dass ich besser bin als sie, nein: nur anders, so viel anders – und gefühlvoller, so viel gefühlvoller. Du wirst es merken, wenn ich dir mit Worten schenke, was sie mit den Händen nicht zu schaffen wussten und dich in ein Reich entführe, das ganz ohne Zwang und sinnfreie Erwartungen auskommt. Und das heute Nacht noch, sofern du dich denn traust …

＄⋄＄

Alles, was mir gehört, gehört auch dir: Denn wenn du einen Platz in meinem Herzen hast, teile ich das letzte Brot mit dir und lass dich nicht zurück im Tal der Wölfe, das schon manche Seele nicht mehr wiederkehren und verstummen ließ. Und weil du mir so viel bedeutest, kämpfe ich für dich und für dein Rückfahrticket, das dich heimwärts in mein Herz, in meine Liebe führen und dich ganz und heil werden lassen soll. Ja, Liebe heißt, in den Augen eines anderen das zu finden, was das eigene Herz vor Tod und Leid bewahrt – und alles Menschenmögliche dafür zu tun, um dieses Geschenk am Leben zu erhalten und es zu behüten vor den Schatten dieser Erde, die es an sich reißen und zerstören möchten …

Du sollst nicht allein nach Hause gehen heute Nacht, sollst in meinen Armen liegen und mit mir gemeinsam träumen – sollst mich deine Seele streicheln lassen wie ein Kätzchen, das vor Wohlergehen schnurrt und grinst. Denn die Zeit, die Angst aus deinem Leben zu entlassen, ist nun da, und ich bin ganz gewiss nicht hergekommen, um dich an die Dunkelheit zu verlieren …

ဢ ✧ ଔ

Sie zuckt nicht mehr zusammen jetzt, wenn die Vergangenheit ihre Finger nach ihr ausstreckt. Sie hat Fortschritte gemacht, hängt nicht mehr in den alten, selbstverletzenden Verhaltensweisen von damals fest, die ihr einst den Wind aus den Segeln nahmen und sie straucheln ließen. Sie geht jetzt weiter, auch, wenn es wehtut. Und sie schaut nicht mehr zurück: Denn sie ist nun ganz im Hier und Jetzt und kostet jeden ihrer Atemzüge bis zum letzten aus. Und die Zeit, die sie früher damit verbrachte, mit dem Schicksal und den Karten, die ihr dieses Leben gab, zu hadern, nutzt sie heute, um dem Traum, dem großen Traum in ihrem Herzen Flügel zu verleihen und den Sonnenaufgang nach der Nacht zu fangen – denn sie weiß, dass der Schmerz nur dann vergehen kann, wenn sie ihre Hoffnung wiederfindet und ihr ein Zuhause schenkt …

ঙ✧ଔ

Ich liebe dich, ich liebe dich noch wie am Anfang, als wir uns zum ersten Mal berührt und vor dem Fall ins Nichts bewahrt haben. Ich liebe dich: Deshalb sage ich dir, was ich empfinde – stets im Hinterkopf behaltend, wie gefährlich Menschen sein und wirken können auf der Erde. Drum bleibt das, was wir zwei haben, unser ganz geheimes Reich der Wunder, okay? Niemand sonst darf daran teilhaben und es in Ruinen verwandeln …

ঙ✧ଔ

Wenn du mich suchst, wenn du dich nach mir sehnst, nach meinen liebevollen Berührungen: Ich bin hier und werde nicht weggehen, werde warten, bis das Schlechte auf der Welt gestorben und der Weg für unsere Liebe geebnet ist. Wenn du dir so viel mehr wünschst vom Leben, als in Trauer zu vergehen und gegen Wände aus Hoffnungslosigkeit anzurennen: Du wirst mich finden, hier an diesem Ort. Und wenn du dich befreien willst aus deinem grauen, faden Trott und all das zur Wahrheit werden lassen möchtest, was dich schon vom ersten Tag an auf der Welt nach vorne treibt und dich beflügelt: Du wirst es finden, hier bei mir – und nirgends sonst …

෨◇ଓ

Und mit einem Mal war da nicht mehr diese Verzweiflung, diese Hoffnungslosigkeit in deiner Stimme – und von da an wusste ich, dass du es schaffen würdest, dass du dich erretten würdest aus den Ruinen deiner selbst, deines, bis dahin von schweren Stürmen und Blitzeinschlägen heimgesuchten Lebens und deinen Weg zurück in die Liebe, in die Unbescholtenheit deiner Seele finden und dich befreien, dich vollends befreien und erheben würdest wie ein verletzter Adler, der sich geheilt, der alles Leid und alle Schmerzen überwunden hat …

෨◇ଓ

Es ist nicht deine Schuld, was geschehen ist, was sie dir angetan haben. Es ist jedoch Zeit für dich, einzusehen, dass kein noch so böses Wort, das sie in Hass und Wut gesprochen, dass kein noch so grober Schlag, den sie dir zugefügt haben, stark genug sein kann, um die Liebe zu dir selbst zu brechen und dich zu zerstören. Also wache auf und öffne deine Augen: Öffne sie und auch dein Herz, um endlich wieder frei und ohne Schuld durch dieses Leben hier zu gehen und zu spüren, dass das Licht dir wohlgesonnen ist und dich mit Liebe und Zufriedenheit erfüllen und dich lösen möchte von den Zweifeln an dir selbst und deiner Seele, die dich nachts nicht schlafen und den Mut verlieren lassen …

꧁❖꧂

»Ich saß oft alleine hier und habe geweint, habe meine Tränen in das Wasser hineintropfen lassen und gebetet: für ein besseres Leben, für Tage voller Sonnenschein und Freude – umgeben vom rauen Wind der See und meinen unnachgiebigen, nagenden Zweifeln.«

»Weißt du, wenn ich deine Traurigkeit von dir nehmen, wenn ich sie auflösen könnte, indem ich übers Wasser für dich ginge, so würde ich es tun, jetzt gleich.« »Das musst du nicht. Sei einfach da und halte mich, wenn ich meinen Halt verliere.«

꧁❖꧂

Es macht dir nichts aus, dass ich nur schwer vertrauen und mich fallen lassen kann – und du hast zu jeder Zeit die Geduld, all die Makel, die an mir haften, zu übersehen und mich zu bestärken auf dem Pfad des Aufbruchs, der mir Ansporn bietet in meinem Traum vom Einssein mit den Lichtern, die die Welt befreien …

꧁❖꧂

Alles, was uns einst entglitten ist und uns verließ, alles, was die Welten tauschte und verlorenging auf uns'rer Reise, wird am Ende wiederkehren und den Weg zurück nach Hause finden – geradewegs hinein in unsere Arme, die es halten und es nicht mehr gehen lassen …

Du siehst nicht glücklich aus auf deinen Fotos, selbst wenn du darauf lächelst, das erkenne ich sofort: Denn ich lese zwischen deinen Zeilen, dort, wo niemand sonst zu lesen wagt und es auch niemals könnte. Und ich frage mich, wie ich dich überzeugen könnte, dass der Sprung in meine Arme das Beste für dich wäre – dass nur ich dir wiedergeben kann, was diese Welt dir einst entrissen und gestohlen hat auf deiner langen Reise, deinem Gang durch dieses Leben und die Täler voller Wehmut, Schmerz und dunkler Stunden …

Ich kann nicht nachvollziehen, dass manche Menschen gesammelten Erfahrungsschatz mit den jeweiligen Jahren, die man hier auf Erden verlebt hat, gleichsetzen.

Ich finde, man kann in diesem Fall nicht einfach blind verallgemeinern. Denn jemand, der 20 Jahre alt ist, kann in seinen jungen Jahren bereits so viel erlebt und durchgestanden haben, dass es für drei ganze Leben reicht bzw. kann im Gegensatz dazu ein Rentner genauso ein ruhiges, unspektakuläres Dasein ohne größere Vorkommnisse gefristet haben – das eine schließt das andere nicht aus …

꙰ ✧ ꙮ

Nur ein Wort, ein Kuss und eine sanfte Geste, die du auf mein Hautkleid legst, und ich bin hin und weg und ganz gewiss am Schweben und so losgelöst von dieser spröden, faden Welt und ihren kalten, graugefärbten Tagen: Denn du hast die Gabe, mich zu heilen, mich zu lieben und zu streicheln, wie es niemand sonst auf dieser Erde kann, und mich mit Leidenschaft im Herzen zu erlösen, wenn es keine Hoffnung für mich gibt im Leben …

꙰ ✧ ꙮ

Ist es nicht seltsam, dass die, die am wenigsten Hoffnung besitzen im Leben, stets dazu imstande sind, am meisten davon an andere zu verschenken? Ist es nicht seltsam, dass die, die am schlimmsten verletzt und verraten, die am härtesten auf die Probe gestellt wurden vom Leben, am einfühlsamsten und sensibelsten, am empfindsamsten sind im Umgang mit anderen und ihren Herzen? Ganz und gar nicht: Denn nur, wer hinabgetaucht ist in die Tiefen eines dunklen Ozeans voller Schmerzen, nur, wer sich selbst verloren und wiedergefunden hat, weiß, wie sehr man sich nach einer helfenden Hand, einem offenen Ohr sehnt auf dieser Erde – wie sehr man sich Errettung wünscht, wenn man zerbrochen und verzweifelt am Grunde des eigenen Ichs verlorengeht und nur noch bangt und um Erlösung bittet …

In den Nächten, die wir uns im Reich des Schlafes, in geheimnisvollen Jenseitswelten fern der Erde treffen, heilen wir die Wunden, die wir uns am Tage zugezogen haben – und am Morgen bleibt die Sehnsucht, die sich mischt mit Vorfreude aufs Wiedersehen. Und wenn wir uns wiederfinden, lassen wir die Schmerzen der Vergangenheit in Dunkelheit zurück wie eine alte Haut, die uns nicht länger dienlich ist, und Sehnsucht unser Segel sein im Sturm der Träumereien …

ഐ ✧ ଔ

Es ist ein Jammer, dass die schönsten, tollsten Menschen nicht erkennen, dass sie ihren Platz auf Erden hochverdient und voller Stolz besetzen dürfen. Und ich kann nur aus Erfahrung sprechen, wenn ich sage, dass es vieler Überredungskunst bedarf, selbigen zu zeigen, dass sie aller Liebe und Bewunderung würdig sind – dass sie ohne jeden Zweifel ein Geschenk an diese Welt sind, welches nicht mit Gold zu kaufen ist …

ഐ ✧ ଔ

Wenn du dir ein Herz gefasst hast und von Bord ins kalte Wasser springst, vergiss nicht, den Rucksack voller Steine abzunehmen – denn nur so kannst du zur Insel deiner Träume schwimmen und das, was gestern war, hinter dir lassen …

∞✧∞

Wer sagt, dass Sanftheit schwach sei, hat noch nicht erlebt, welch hohes Maß an Stärke sie den Seelen dieser Erde verleihen kann. Wer sagt, dass einfühlsame Menschen sich nicht wehren könnten, hat noch nicht erfahren, wie sehr sie, bestärkt von Leidenschaft und Kampfgeist, für das ihnen Liebste fechten. Und wer meint, dass Schläge stärker sind als jeder Geist, als jede Feder, ist sich nicht gewahr über die Macht des Herzens, die uns auf der Reise durch die Leben antreibt und uns trägt …

∞✧∞

Ich bin genügend Kind in meinem Herzen, um zu wissen, dass es nie zu spät ist für einen Neuanfang im Leben, dass, wenn eine Tür sich schließt, eine andere bereits geöffnet wurde, um uns eine neue Möglichkeit, eine Chance zu bieten, die uns hoch hinauf ins Licht des Lebens trägt und uns all die Stärke schenkt, die wir benötigen, um unseren Gang durch dunkle Täler voller Trübsal wie ein Nachtgebet voller Liebe erscheinen zu lassen …

∞✧∞

Du musst dich nicht verstellen, um von ihnen anerkannt zu werden, musst dich nicht verbiegen, um in ihre Welt des Scheins, der Täuschung zu passen. Sei einfach du selbst und bleib dir selber treu – alles andere wäre nur Verrat an deiner Seele …

છ✧ଓ

Weißt du, es gibt kein ›Für immer‹: Alles, was wir hier in Besitz nehmen und das Unsere nennen, wird einmal vergehen. Doch vielleicht hilft es dir, wenn ich dir sage, dass genau dies der Fluss des Lebens ist, der uns dorthin tragen wird, wo das Schicksal uns und uns're Herzen wissen möchte. Nichts ist auf ewig in diesem Spiel: nur unsere Seele, die ruhelos von einem Abenteuer zum nächsten jagt – so war es und so wird es immer sein …

છ✧ଓ

Du hast keine Ahnung von dem Schmerz, den mein Herz ertragen musste: Also rede nicht und sprich kein Urteil über mich, bevor du nicht erfahren hast, wie es ist, kein Licht und keine Hoffnung zu erfahren und verloren und vereinsamt in der Nacht zu kauern und zu zweifeln. Und wenn du dein Mitgefühl und deine Güte, wenn du deine Seele wieder aufgelesen hast, können wir gerne aufeinander zugehen und uns zusammensetzen wie zwei erwachte Wesen, die begriffen haben, dass diese Welt nur im Zusammenhalt gedeihen und erwachsen kann aus allem nachtgesandten Wahnsinn …

છ✧ଓ

Wenn wir am Ende unseres Lateins stehen, ist es Zeit, eine neue Sprache zu erfinden – und zwar die der Liebe …

ভ◇ন্ত

Du hast Angst, Angst, dass ich zu tief in deine Seele
blicken könnte, dass ich das nach außen kehren
könnte, was du seit vielen Jahren tief in deinem
Innern verborgen hältst. Doch du sollst wissen, dass
ich es bereits getan habe: dass ich schon vor Langem
klammheimlich die vollgeschriebenen Seiten deines
Herzens durchstöbert und darin gelesen habe – und
es das Schönste war, was ich je erleben durfte …

ভ◇ন্ত

»Die dunkelste Stunde ist die, kurz bevor die Sonne
…« – »Jaja, ist ja gut jetzt: Gib mir einfach die
Schlüssel und lass uns mit glühendem Gaspedal, mit
durchgedrehten Reifen dem Anfang des nächsten
Tages, dem Wiederauferstehen unserer Hoffnung
nachjagen und unser von Langeweile geplagtes
Dasein ein für alle Mal von ewig kalter Nacht und
ihren dunklen Auswüchsen befreien.«

ভ◇ন্ত

Das Schiff der Hoffnung läuft gerade ein im Hafen
der Verlorenen – und wir sollten uns beeilen, sollten
an Bord gehen, bevor der letzte Mond gen Himmel
steigt und die Welt in sich zusammenfallen, sie zu-
grunde gehen lässt. Und wenn du mir vertraust,
wenn du mir wirklich vertraust, dann lehn dich an
mich und folge mir auf diese letzte Reise, die uns in
das Licht und seine Arme führt …

જ ✧ ભ

Deine Zeit wird kommen, so steht's geschrieben in
den Sternen. Doch erst musst du dieses dunkle Tal
durchwandern und dem Traum, der deine Seele
nährt, den Aufwind schenken, den er braucht, um
sich nach oben zu erheben und das Sonnenlicht zu
spüren und zu lieben …

જ ✧ ભ

Ich verbrenne die Erinnerung an all die schlimmen
Zeiten, die ich durchgestanden habe und die ich
alleine meistern musste – und auch, wenn ich mir
nicht sicher bin, wohin's mich führt und was noch
kommt, so weiß ich doch gewiss, dass der schmerz-
befreite Geist des Lichtes mich schon bald erfüllen
und das Morgen so viel schöner wird als alles Ges-
tern, das bisher mein Leben lähmte …

જ ✧ ભ

Du wurdest gemacht, wie du bist – und genau so
bist du richtig. Und wenn du der Meinung bist, dich
anpassen zu müssen, um anderen zu gefallen, um
anerkannt und gemocht zu werden, dann kann ich
dir nur sagen, dass deine wahre Natur so viel mehr
wert ist als dieses fade Spiel der Oberflächlichkeit
und des Selbstverrates, welches sie auf Erden spielen,
um über ihre wahre Sehnsucht und ihren tiefsten,
innigsten Wunsch nach unverfälschter Akzeptanz
hinwegzutäuschen …

꙰✧꙰

Schläge tun immer weh, zweifelsohne, vor allem einem Kind. Doch die schlimmsten Wunden, die entstehen vielmehr durch die Worte, die man gegen sich gerichtet sah in jungen Jahren: Worte, die so tief ins Fleisch geschnitten haben, dass es lange Zeit gebraucht hat, um sich davon zu erholen. Doch je dunkler deine Vergangenheit war, desto schöner kann das Hier und Jetzt und all das werden, was noch vor dir liegt auf deinem Weg durchs Leben. Denn du bist jetzt nicht mehr das kleine Kind, das sich nicht getraut hat, sich zu wehren, nein: Du bist nun herausgewachsen aus dem Leid des Gestern und selbstbestimmt am Steuer deines Lebens …

꙰✧꙰

Dein Herz bricht leicht, schon fast wie Glas: drum will ich es stets sorgsam lieben und es nicht verletzen. Denn ich weiß genau, dass es schon ein Zuviel an Schmerz erleiden musste, dass es an so vielen Tagen schon den Atem anhielt und beinah verstummte. Und ich werde immer bei dir sein und mit dir wandern – auch, wenn alle Freunde, die einst mit dir waren, fortgegangen und verschwunden sind. Denn du bist ein Teil von mir und nicht mehr wegzudenken aus den Räumen, die mein Herz erfüllen und die eingenommen und erwärmt sind von dem Feuer uns'rer Liebe …

Eine Frau wird sich immer merken, was du für sie getan, was du ihr gegeben hast: seien es die Worte, die du zu ihr gesprochen hast voller Bewunderung, seien es die Blumen, die du ihr nach einem langen Arbeitstag in die Hände gelegt oder einfach 'nur' die Mühen, die du aufgebracht hast, um ihr beizustehen und ihr Leben etwas leichter zu machen. Auf die einfachen Dinge kommt es ihr an, auf die kleinen Gesten, die ihr zeigen, dass sie es dir wert ist, dass du nicht vergessen hast, dass sie es ist, die dein Dasein reicher und entspannter macht – und das nicht nur an dem Tag, an dem es jeder tut: am Valentinstag. Genauso wird sie sich die schlechten Dinge merken, die bösen Worte, die abschätzigen Sprüche, die Momente, in denen du sie allein gelassen und vergessen hast; damals, als sie bei dir sein und dich berühren, dich nicht an dunkle, aussichtslose Nächte verlieren wollte. Die Liebe einer Frau ist wie eine Blume: Wenn du sie pflegst und ihr das Wasser, die Fürsorge gibst, die sie braucht zum Leben, dann wird sie blühen und dir dankbar sein in alle Zeit, dann wird sie dich beschenken und dich würdevoll auf ewig ehren. Wenn du es jedoch als selbstverständlich erachtest, dass sie bei dir ist, dass sie dich stützt und mit dir steht, obwohl du dich nicht sorgst um eure Liebe, dann sei sicher, dass sie schon sehr bald verdorren und vertrocknen wird und dich verlässt …

৯০✧০৪

Er trägt zwei Charaktere in sich: das unsterbliche
Kind und den besonnenen, gereiften Erwachsenen.
Wenn es darum geht, mit ihr zu scherzen und sie zum
Lachen zu bringen, ist er der kleine, unbekümmerte
Junge, der die Welt, in der sie lebt, zum Strahlen und
zum Scheinen bringt. Wenn es jedoch darauf an-
kommt, sie zu schützen und ein Anker für sie zu sein
auf der rauen, unbarmherzigen See des Lebens, ist er
der starke Mann, der für sie durchs Feuer geht und
für sie kämpft, bis alles Leid von ihr abgefallen und
verschwunden ist …

৯০✧০৪

Was ich sehe in dieser Welt, sind zu viele kleine
Jungs: keine Männer, die mit Frauen umzugehen
wissen. Dabei ist dieses ganze Machozeug doch
nichts weiter als ein Schutzschild: weil sie Angst
haben, man könnte sie als Weicheier, als sensible
Weltenwandler bezeichnen. Doch genau darin liegt
doch die Stärke: zu dem zu stehen, was man fühlt
und denkt. Es gibt schon genügend Kopien dort
draußen – Kopien, die tagein, tagaus ihr Herz ver-
raten. Ein echter Kerl tut das nicht, egal, was die
Mehrheit denkt. Und stell dir vor, mein Freund:
Man kann auch dann noch ein krasser Typ sein,
wenn man Gefühle zeigt und zu seinen Schwächen
steht, oh ja …

Wir ›haben was‹ miteinander, ja: Ab und an fallen wir übereinander her wie Raubtiere, die sich ihre Beute fangen und sie niederreißen – nur, um uns kurz darauf wie zwei engelsgleiche Wesen zu betören und uns sanft ins Ohr zu flüstern, dass es mehr ist als nur Sex, was uns verbindet, was uns fliegen und vertrauen lässt: ineinander und in unsere göttliche, jenseitige Führung, die uns vorbereitet auf ein Leben, das gezeichnet ist von wundervollen Tagen, die im Licht der Sonne ihren Anfang und ihr Ende finden …

℘✧℆

Das ist unser Set, unser ganz persönlicher Streifen: Hier schreiben wir die Story, wir alleine. Natürlich mag es Kräfte geben, die diese Produktion verhindern möchten. Doch eines ist gewiss: dass wir schon bald auf weißer Leinwand all die Liebe, die wir füreinander fühlen, zeigen und sie dieser Welt eröffnen werden – dass sie ihren Weg in die Kinosäle dieser Erde findet …

℘✧℆

Es ist nicht vorbei, wenn die letzte Kerze erloschen ist – es ist vorbei, wenn wir kein Streichholz mehr finden. Doch selbst dann bleibt uns noch die Flamme in unseren Herzen, die die Nacht überdauert und uns wärmt …

এ✧ল

All die Liebe, all die Leidenschaft, die mir als Mensch, als Lebewesen innewohnt, soll sich um die Nacht, die uns bevorsteht, drehen und dir alles, wirklich alles von mir schenken und dir helfen, deinen Weg zurück ins Licht und in die Welt der Liebesschwüre und des Glücks zu finden – denn ich kann und will nicht leugnen, dass du immer schon ein Teil von mir gewesen bist und ich dich stets mit mir, in meinem Herzen, trage und getragen habe …

এ✧ল

Wenn du nicht gehen darfst, wann dir beliebt, wenn du dich wegen jeder noch so kleinen Nichtigkeit rechtfertigen und verteidigen musst, wenn du allezeit mit sinnlosen, einengenden Erwartungen und Zwängen belegt und konfrontiert wirst, dann frag dich mal, ob es wirklich Liebe ist, was dein Gegenüber dir in die Hände legt – oder nicht doch etwas anderes …

এ✧ল

Es ist Wahnsinn, was ein einziger Kuss mit zwei Menschen, mit ihren Herzen anstellen kann: wie sehr er sie daran erinnern kann, dass es sich trotz allem lohnt, die Flinte nicht ins Korn zu werfen und noch an die Wunder dieses Lebens, an ein Ende ohne Schrecken und ein heilvolles Licht, das alle Sorgen dieser Welt von ihren nach Erlösung strebenden Kindern nimmt, zu glauben und dafür zu kämpfen …

ജ✧രു

Es war ein ungeschriebenes Gesetz im Ort, die
Wälder um den Weiher und die alte Burgruine, die
oberhalb des Dorfes lag, nach Einbruch der Dun-
kelheit zu meiden. Doch sie wusste das nicht, wie
sollte sie auch? Sie war erst hergezogen, war noch
völlig fremd in dieser kleinen, von Beschaulichkeit
geprägten Einöde. Und so kam es, dass er sie, als
es bereits dämmerte, vom Fenster aus beobachtete,
wie sie die Tür von außen zuzog und sich ihre Stirn-
lampe überstülpte. Ihm schwante nichts Gutes, als sie
Richtung Weiher losjoggte. Das konnte doch nicht
wahr sein, hatte sich denn niemand die Mühe ge-
macht, sie zu warnen? Hatte ihr denn niemand gesagt,
dass der Platz, den sie gerade aufzusuchen plante,
von einer bösen, einer ganz und gar finsteren Energie
durchdrungen ist? Dass es in den vielen Jahren schon
das ein oder andere Mal geschehen war, dass ein
Wanderer nicht wiederkam und sich in dunkler
Nacht für immer – genug davon, ihm gefror beinah
das Blut in den Adern. Und so zog er sich hastig
seine Schuhe an und lief die Treppen hinunter, riss
sein altes Fahrrad aus dem Schuppen und schwang
sich auf den Sattel. »Dieses verrückte kleine Ding«,
fluchte er, als er mit flackerndem Licht den Kiesweg
entlangfuhr …

Das, was zwischen uns geschieht, kann nicht von dieser Welt sein. Jede Berührung, jedes Wort fühlt sich an, als würden wir neugeboren, als würden unsere Seelen von einer überirdischen Energie durchströmt werden. Du bist so oft um mich herum und doch nie da. Trotzdem fühle ich dich wie ein warmes Feuer in meiner Brust. Und ich weiß, dass, wenn die Zeit dafür reif ist, wir uns begegnen werden – irgendwo da draußen auf dieser Erde …

ℬ✧ℛ

Wenn du immer nur versuchst, anderen zu gefallen, gefällst du dir bald selbst nicht mehr – wie oft sie auch auf Gefällt mir drücken mögen unter deinen Bildern. Schau mal: Was dich wirklich ausmacht, das ist ohnehin nur für diejenigen sichtbar, die mit dem Herzen sehen. Und ich sehe dich …

ℬ✧ℛ

Ich werde dir auf ewig zuflüstern, dass du gut bist, wie du bist, dass du sicher bist bei mir und mir vertrauen kannst. Und wenn ich einmal nicht mehr bin auf dieser Welt, dann werde ich in deine Träume kommen und dich den Frieden finden lassen, den du so lange gesucht und nicht gefunden hast: in meinen dich liebenden Armen, die nichts lieber täten, als dein wunderschönes Herz zu halten und es freizusprechen von der Angst vor morgen …

Wir sind nicht hier, um die Erwartungen anderer zu erfüllen: Wir sind hier, um Glück zu finden und mit Mut im Herzen einen Schritt ins Licht zu machen – um zu forschen, wo kein anderer zu forschen wagt, und eine Zuflucht vor der Welt, vor ihren dunklen Schatten zu erbauen …

ဢ✧ᘓ

Du bist das Licht, das durch mein Dunkel bricht, bist der Treibstoff, der mich fliegen lässt, wenn ich am Boden kauer' und die Muse, die mir Frohsinn spendet, wenn der Zauber langer Sommernächte sich in kalten Wintern vor mir versteckt. Du bist das Wunder, das ich suche, bist die Liebe, die ich fühlen und erleben möchte – bist all das, was meine Seele und mein Herz ersehnen und ich wünsche, nah bei mir und nicht entführt in tiefe Nacht zu wissen …

ဢ✧ᘓ

Ist es nicht erstaunlich, wie viele Menschen die Welt nicht mehr verstehen, wenn du in derselben Sprache zu sprechen beginnst wie sie? Wenn du dich nicht mehr von ihnen herumschubsen und dazu verleiten lässt, deinen Wert zu verkennen? Nun, wenn es ihnen nicht passt, dass du nicht mehr nach ihrer Pfeife tanzt, dann zögere nicht und mache von deinem Recht Gebrauch, sie zur Tür aus deinem Leben hinauszubegleiten …

☙ ✧ ❧

Ich kann es kaum erwarten, dich am Ende meiner
Tage in mein Herz zu schließen und dich wieder in
der Welt des Lichts zu treffen. Und der Schmerz
des Abschieds, der mich einst verdrängt hat in die
Schatten, wird mich nicht mehr länger lähmen und
besitzen können: da wir eins und nicht zerrissen,
nicht getrennt sein werden wie in diesen Tagen …

☙ ✧ ❧

Ich habe lange Zeit darüber nachgedacht, warum
genau wir uns in bestimmte Menschen verlieben –
und bin bis heute auf keine erfüllende Antwort ge-
stoßen. Ich kann lediglich meine Vermutung hierzu
äußern: und zwar, dass wir schlichtweg zusammen-
geführt werden mit denen, die zu treffen wir be-
stimmt sind auf der Erde, deren Anziehungskraft wir
uns einfach nicht erwehren können. Ich spreche von
Seelen aus vorherigen Leben, Seelen, denen wir weiß
Gott nicht zum ersten Mal begegnen und die schon
einmal unsere Wege kreuzten und uns verzauberten.
Ja, manche Augen meint man, schon einmal woan-
ders gesehen zu haben, an einem anderen Ort, weit
vor dieser Zeit. Und es fühlt sich so vertraut an,
wenn wir uns verlieren in diesen Augen, so familiär
und intim: so, als hätten wir all das wiedergefunden,
was wir seit vielen Wintern schon gesucht haben,
verzweifelt und beinah erfroren …

Ich passe auf dich auf und leg mich zu dir, wenn du schläfst und mich zur Hilfe rufst in deinen Träumen. Ich kann zwar nicht mehr bei dir sein, wenn du aufwachst: weil ich in einer anderen Welt lebe als du. Doch ich bin da, in jeder kalten Nacht. Und ich werde dich schon sehr bald wiederfinden – wenn der nächste Tag die Nacht umarmt und Dunkelheit die Erde hält, ich verspreche es …

৪১◇ରে

Jeder Mensch sehnt sich im Grunde seines Herzens nach Liebe. Manche von uns wissen dieses Bedürfnis nur besser zu verstecken als andere: weil sie nicht verletzlich und zerbrechlich, nicht fragil und angreifbar wirken wollen. Dabei hat es ganz gewiss nichts Verwerfliches, sich zur Quelle seiner Sehnsucht, zu seinem Herzen zu bekennen und dies auch nach außen zu kehren und mit Selbstbewusstsein seinen Wunsch nach Zärtlichkeit in diese Welt zu tragen …

৪১◇ରে

Meinst du nicht, dass es langsam Zeit ist, glücklich zu sein? So richtig glücklich, meine ich: wie Kinder ohne Schuld und Reue, wie Reisende, die leicht und ohne schwere Last durch das Leben gehen und sich sicher sind, schon an der nächsten Weggabelung eines dieser Wunder, dieser unergründbaren, wohlwollenden Wunder zu erleben …

ഇᤍᤍᤍ♦ᤍᤍᤍ

Ich habe einmal von Casanova gelesen. In einer Bar,
so hieß es, entdeckte er einst eine hübsche Schau-
spielerin, die alleine an einem Tisch saß. Er ging auf
sie zu und kam mit ihr ins Gespräch – und verliebte
sich in sie. Ihr größtes Manko war, dass sie das ›R‹
nicht richtig aussprechen konnte. Anstatt ihr jedoch
vorzuschlagen, einen Sprachkurs zu belegen, schrieb
er ihr ein Theaterstück, in dem jener Buchstabe kein
einziges Mal Erwähnung fand. So hat er ihr gezeigt,
dass er sie wertschätzt und gewillt ist, ihre Stärken
mehr als ihre Schwächen dieser Welt zu zeigen. Und
wenn ich dich morgen schon treffen sollte, dort drau-
ßen in dieser weiten Welt voller Menschen, in dieser
großen Stadt, die erbaut worden ist auf Lust und Lei-
denschaft, dann möchte auch ich dein Casanova sein:
der Mann, der dir das Gefühl gibt, dass du schön bist,
wie du bist, dass du freigesprochen bist von jedem
Makel dieser Erde …

ഇᤍᤍᤍ♦ᤍᤍᤍ

Wo auch immer in deiner Welt die Schatten nach
deinem Licht greifen und es aus deinen Händen
reißen mögen: Ich werde dort sein und es zu verhin-
dern wissen, werde der edle Ritter sein, der dich in
letzter Sekunde unter seinem Schild in Sicherheit
bringt und dich versteckt – vor dem unaufhörlichen
Regen aus in Gift getränkten Pfeilen …

Vermeintliche Schwächen meinerseits egalisierst du mit einer Leichtigkeit, dass mir flau wird im Magen: auf ganz wundervolle Art und Weise. Und wenn ich wieder einmal vor mich hin schmolle und nicht sicher bin, ob das alles überhaupt noch einen Sinn ergibt, ob ich jemals wieder die Freiheit zurückerlangen werde, die mir einst abhandenkam, schenkst du mir dein Lächeln, das aus einer Galaxie fern dieser Erde entsprungen sein muss und mich vergessen lässt, wie unheilvoll und schlecht es doch in Wahrheit um mich bestellt ist …

ဢ ✧ ର

Glaube mir, wenn ich dir sage, dass es richtig ist, mir zu folgen: an den Ort, an dem wir ganz wir selbst und wohlbehütet, wo wir sicher und beschützt sein dürfen vor den Nächten dieser Erde – wo die letzten guten Geister über uns're Herzen und die Kinder dieses Weltenreiches wachen …

ဢ ✧ ର

Wenn du noch Platz hast in deinem Leben für echte, unverfälschte, für alle Zweifel und Sorgen in den Schatten stellende Liebe, dann gib mir deine Hand und geh mit mir den Weg der Leidenschaft – und zeig dich mir, wie Gott dich schuf, und sei sicher, dass ich jeden Winkel deines engelsgleichen Körpers bald zum Singen und zum Lächeln bringen werde …

꙰✧꙱

Natürlich bist du nicht die Frau, die du vorgibst zu sein in dieser Welt, das ist mir schon bewusst. Distanziert und kühl, die Ellenbogen stets nach außen zum Kampf gerichtet und jeden Tag bereit, dich zu schützen, wenn es denn drauf ankommt und zu toben: Das bist nicht du, das ist nicht das kleine Mädchen, das sich so oft schon an mich kuschelte und mich um Schutz vor den Schatten dieser Erde bat – immer dann, wenn es verzweifelt war und nicht mehr wusste, wohin mit sich und seinen Ängsten. Doch das ist okay, das ist es wirklich. Und wenn die Sonne sich heute Abend schlafen legt, wenn du, von Müdigkeit geführt, an meine Seite findest, werden meine Arme, wie schon einmal, einen Ort der Zuflucht für dich bilden und dir all die Wärme spenden, die dein Herz ersehnt hat und erleben möchte. Denn ich wäre schier verrückt, würde ich deinem Wunsch nach Liebe und Geborgenheit nicht entsprechen, meine gottgesandte Muse …

꙰✧꙱

Wahre Liebe gibt und fordert nicht. Und wenn ich mich dir schenke, wenn ich dich mit Neugier in der Hand ertaste und dir meine wohltuenden Gedanken ans Herz lege und dich damit streichle, erwarte ich nichts dafür – denn die Tage und Nächte, die ich gemeinsam mit dir verbringen darf, sind Segen genug für mich …

ಸಾ ✧ ಅ

Was auch immer aus verfluchten Höllentälern in die
Welt entkommen und auf den Gipfel unserer Zuver-
sicht, unseres Lebensmutes steigen, was auch immer
versuchen möge, uns vom Quell der Erkenntnis und
der Liebe zu verdrängen: Es wird zugrunde gehen
und sich selbst zerstören beim Versuch, das Leben
aus den Kindern dieser Welt zu saugen …

ಸಾ ✧ ಅ

Dein Mascara ist etwas verlaufen, es ist wahr. Doch
das interessiert mich nicht. Denn dein Herz sitzt nach
wie vor am rechten Fleck, und das beweist mir und
allen Menschen um dich herum, dass du eine Seele
von höchster Güte bist …

ಸಾ ✧ ಅ

Ich kann nur für mich sprechen, doch ich denke
sehr wohl, dass es noch Männer gibt, die den Spagat
zwischen Albernheit und Intellekt, zwischen Masku-
linität und Zärtlichkeit, zwischen Fürsorglichkeit und
dem Weg des einsamen Wolfes finden – Männer, die
trotz aller Empfindsamkeit in der Lage sind, das ihnen
Liebste zu beschützen und es zu umsorgen, ihm das
Leben einzuhauchen, das es braucht, um weiterzube-
stehen und zu wachsen wie ein Blümchen, das in
dunkler Nacht der Kälte trotzt und überdauert …

ဆာ✧ဗ

Morgen wirst du aufwachen und nach dem dunklen, vertrauten Gefühl, nach den Schmerzen in deinem Herzen Ausschau halten – und sie nicht finden. Und die einzige Erklärung, die du hierfür haben wirst, ist, dass eine gute Macht dich nachts besucht und sie von dir genommen hat …

ဆာ✧ဗ

Angst? Immer am Start. Zweifel? Dein ständiger Begleiter. Deshalb hinwerfen und aufhören mit dem, was du begonnen hast? Niemals. Und jetzt sag bitte nicht, dass es etwas gibt, das mutiger ist, als an einen Traum zu glauben, den du nur im Geiste sehen und ergründen kannst – der in die Realität finden wird, sofern du nur lange genug daran festhältst …

ဆာ✧ဗ

Die Art, wie sie dich behandeln, sagt lediglich etwas über sie aus, nicht über dich. Und wie sie dich auch nennen mögen: Sie meinen immer nur sich selbst damit, nur sich selbst. Und, aufgemerkt: Dein Selbstwert definiert sich durch deine innere Stärke, durch die unvergängliche Schönheit deines Herzens – nicht durch das verzerrte Bild, das einige unzufriedene Menschen in ihrem Lebensfrust von dir zeichnen …

Dass sich die Puzzleteile deines Lebens mehr und mehr zusammenfügen, dass du erkennst, warum es sich so zugetragen hat und weise aus alledem hervorgehen und deine Schlüsse daraus ziehen wirst: Das wünsche ich dir von Herzen …

80✧CR

Ich glaube, dass, wenn wir dabei sind, einen neuen Pfad einzuschlagen, das Leben uns stets in Form von Zweifeln fragen wird, wie sehr wir es denn wollen, wie sicher wir uns sind dabei. Doch vielleicht ist das Ganze einfach nur ein Test und nicht mehr – und der Weg zum Glück bereits geebnet …

80✧CR

Meine Definition von ›Mannsein‹ beinhaltet eigentlich nur, das zu tun, was man möchte und sich nicht reinreden zu lassen, von keinem Menschen hier auf dieser Erde. Ach ja, sanft zu seiner Frau und hart zu denen zu sein, die ihr wehtun wollen: eine weitere Eigenschaft, die nicht fehlen darf auf meiner Liste. Und zu guter Letzt: sich nicht darum zu kümmern, was andere denken über die Dinge, die man tut und sagt. Denn wichtig ist doch nur, dass man selbst am Ende selig seine Augen schließen und Zufriedenheit das Seine nennen kann …

Und wenn die ganze Welt im Krieg ist mit sich selbst, wenn die Menschen dieser Erde sich der Nacht ergeben, dann berühr' ich deine Hand und forder' dich zum Tanzen auf – mittendrin in diesem Reigen böser Absicht und des Feuers, das den Seelen Gaias ihre Hoffnung stehlen und sie schmälern, sie entführen möchte …

෧✧ଛ

Ich finde, man sollte eine vorteilhafte Position, die man anderen gegenüber besitzt, niemals zu deren Nachteil einsetzen und sich besser um sein eigenes Leben, seine eigenen Aufgaben und Probleme kümmern, anstatt den Menschen um sich herum ihren Frieden aus den Händen zu reißen. Und ich bin der Meinung, dass man stets denen Respekt und Wertschätzung entgegenbringen sollte, denen man auf seinem Weg begegnet – denn man selbst wünscht es sich doch ebenso …

෧✧ଛ

Wir müssen Obacht geben, dass sie uns nicht wie ein wilder Fluss hinfort reißen: die Tränen, die wir all die Jahre nur für uns behalten und nicht dieser Welt gezeigt, die wir nicht losgelassen haben – oder einen Menschen finden, der sie auffängt und den Garten uns'rer Liebe damit gießt und ihn am Leben hält …

ഇ✧ഗ

Wir kriechen noch auf dem Zahnfleisch von unserem
letzten Fehlschlag, da sind wir schon am Pläne-
schmieden für unseren nächsten Clou: So ist das
Leben, so verhält es sich, mit der Achterbahn des
Glaubens durch die Welt zu fahren und zu hoffen,
dass es doch noch einen guten Ausgang nimmt, der
uns zufrieden und glückselig macht – der uns fried-
voll in uns selbst vertrauen lässt …

ഇ✧ഗ

Wir weinen, weil es weh tut, weil es uns berührt.
Doch solange wir nicht zulassen, dass sie das Licht
hinter unseren Augen stehlen, werden wir uns auch
davon erholen. Und so Gott es möchte, werden wir
schon bald vor Freude und vor Glück die Tränen
fließen und sie heilen lassen, was bis dato nicht zu
heilen war – darauf lass uns nun vertrauen …

ഇ✧ഗ

Sie haben uns ein One Way Ticket Richtung Hölle
geschenkt: in der Hoffnung, dass wir nie mehr wie-
derkehren würden. Doch hier stehen wir nun und
klopfen uns die Asche der Vergangenheit von den
Schultern – in dem Wissen, dass wir stark genug
sind, um die Wunden, die wir uns beim Ausbruch
aus der Unterwelt zugezogen haben, zu kurieren
und zu heilen …

སོ✧ལ

Ich hoffe, dass das nicht das letzte von neun Leben ist, das wir zwei auf dieser Welt verbringen, hoffe, dass du nie vergessen wirst, wie sehr ich deine Seele liebte und sie ehrte – selbst, wenn dieser Vorhang fällt und wir die Bühnen tauschen und sich Licht und Liebe kurz der Dunkelheit ergeben, um dann neu geboren und ganz unverhofft wiederbelebt zu werden …

སོ✧ལ

Die meiste Zeit machen wir uns um Dinge Sorgen, die überhaupt nie eintreten werden: Dinge, von denen unser Herz weiß, dass sie uns im Leben nicht gefährlich werden könnten – und malen uns aus, was nicht alles geschehen, was uns widerfahren könnte an schlimmen Ereignissen in unserem Leben. Und wir verspüren Angst, überwältigende Angst. Doch wieso sich sorgen, wenn das Meiste, wie die Vergangenheit gezeigt hat, ohnehin nicht in die Realität, in unser Leben findet? Na klar, es ist schwer, das alles abzustellen, keine Frage. Doch wie oft haben wir uns schon den Kopf über Situationen zerbrochen, die nicht mal ansatzweise wahrgeworden sind? Lass dich nicht von deiner Furcht beherrschen und vertrau auf deine Hoffnung, die ein Licht in deiner Seele ist und dich zum Glück hin leitet …

Der Mann, der es ernst mit dir und deinem Herzen meint, würde niemals verlangen, dass du dich verstellst, dass du etwas darstellst, was du gar nicht bist. Im Gegenteil: er würde darauf bestehen, dass du immerzu das Mädchen bleibst, das ihn mit 'nem Lächeln auf den Lippen einst gefunden und ihn aufgelesen hat – damals, als ihr dieses Leben hier zu eurem machtet und das Reich der Liebe für euch zwei beansprucht habt …

ഩ✧ cൿ

Wenn sich Menschen von dir abwenden, weil du beginnst, du selbst zu sein, dann sei ganz unbesorgt: Es ordnet sich nur alles neu. Halte durch, wenn du dich einsam fühlst, und vertraue darauf, dass die Seelen, die bestimmt sind, mit dir den Weg zu gehen, bereits dabei sind, in dein Leben zu finden: jene, die dich nehmen, wie du bist und niemals von dir verlangen würden, dass du dich änderst oder gar verbiegst. Kämpfe nicht um den Platz neben Menschen, die nur eine Simulation, eine Illusion von dir lieben. Denn wahre Liebe fordert und lügt nicht, nein: Wahre Liebe bittet um dein wahres Ich und nicht viel mehr. Du wurdest gemacht, wie du bist – und genau so bist du richtig …

ෂ✧ʼn

Ich kann nicht für alle Frauen sprechen, das steht mir
nicht zu. Doch die meisten von ihnen genießen es
meines Erachtens durchaus, sich auf sexueller Ebene
einem Mann hinzugeben, sich von ihm führen und
leiten zu lassen. Ich spreche von der Tatsache, dass da
jemand ist, an den sie die Kontrolle abgeben können:
weil sie diesem Jemand vertrauen und ihn schätzen.
Vorausgesetzt, es ist der Richtige und nicht irgendein
ungehobelter Primat, der es nicht versteht, mit ihrer
Intimität und ihren verborgenen Geheimnissen, ihren
versteckten Bedürfnissen umzugehen. Das Ganze ist
einfach sehr oft vom Herrn der Schöpfung, von sei-
nem Verhalten und seinen Worten abhängig: ob eine
Frau sich ihm öffnet und ihr lustvolles Inneres
preisgibt, ob sie sich ihm hemmungslos und ver-
spielt präsentiert oder eben nicht – so sehe ich es.
Und das, dieses völlig Losgelöste, ist etwas Wunder-
volles, für beide Seiten ...

ෂ✧ʼn

Man muss einem Menschen nur lange genug ein-
reden, wie schlecht und böse er ist – und er wird in
einen Dornröschenschlaf fallen, aus dem es kein
Erwachen mehr gibt. Drum suche stets in dir selbst
nach dem, was du als wahr für dich erachtest und
nicht dort, wo sie Tag für Tag ihre dunkle Saat in
müde und erschöpfte Herzen streuen …

Manche Menschen sind wie Luft in unserer Lunge: Lassen wir sie los, kommen sie zu uns zurück und schenken uns die Erkenntnis, dass wir gut sind, wie wir sind und uns nicht ändern und verbiegen brauchen, um geliebt und anerkannt zu werden in der Welt der Oberflächlichkeit und falschen Schwüre – zumindest nicht in ihren Augen, die uns sehen, wie wir wirklich einst erschaffen wurden: als perfekte Wesen, die nach Liebe suchen und ein Meer aus Ewigkeit davon verdienen …

ᘰ ✧ ᘩ

Wenn wir aufeinandertreffen, ist es life changing, Baby – und der Blick in unsere Augen unser ganz persönlicher Wake-Up Call ins Glück und in die Liebe …

ᘰ ✧ ᘩ

Ein gerader Mensch definiert sich über seine Taten, nicht über sein Mundwerk. Eine von Wahrheit, von Ehrgefühl geleitete Seele hat es nicht nötig, groß zu reden und sich über andere zu erheben: Sie ist einfach sie selbst und lässt sich nicht dazu hinreißen, ihresgleichen kleinzumachen und zu verletzen – denn sie weiß, wie schmerzvoll es sein kann, verurteilt und seines Wertes beraubt zu werden …

ഔ ✧ ର

Da ist etwas, das dich in die Dunkelheit getrieben hat vor langer Zeit, etwas, das dich geknickt hat wie ein Blümchen, das nur sanft noch blüht und leuchtet. Und dennoch machst du weiter – und das ist es, was ich so an dir bewundere, was mich glauben lässt an eine Wiederauferstehung unserer Herzen: weil es Menschen gibt wie dich, die sich nicht beugen und zerbrechen lassen …

ഔ ✧ ର

Du musst dich nicht verstellen, musst nicht taff und unverletzlich vor mir wirken. Du bist eine starke, selbstbewusste Frau; ich zweifle es nicht an. Doch wer wäre ich als Mann, wenn ich nicht Stütze und Beschützer für dich wäre? Wer wäre ich, wenn ich so mir nichts, dir nichts zuließe, dass du allein im Dunkeln vor die Türe gehst, dass du dich ohne jede Hilfe meinerseits dem Leben und den Stürmen, die es mit sich bringt, entgegenstellst? Meine Liebe zu dir kennt kein Ende – und genauso nicht mein Wunsch nach deinem Wohlergehen, das sollst du wissen …

ഔ ✧ ର

Was auch immer die Frage ist: Wir müssen sie nicht wissen. Denn Liebe ist und bleibt die Antwort auf alle Fragen, auf alle Dinge, die ungeklärt im Raum stehen und einer Klärung, einer Aufarbeitung bedürfen …

175

Was ist schon schön? Wer bestimmt überhaupt, was schön ist und was nicht? Das, was ich schön finde, findest du nicht schön. Und das, was er schön findet, findet sie nicht schön. Doch das ist in Ordnung, ehrlich. Und es ist okay, dass wir verschieden sind und nicht perfekt, zumindest nicht für dieses System. Denn die Wahrheit ist ganz einfach, dass wir allesamt schön sind, ein jeder für sich – wir brauchen nur noch etwas Zeit, um das zu checken …

෨෴෪

Wie viel braucht es, um einen kleinen Funken zu Feuer, um zwei Fremde zu Liebenden werden zu lassen? Wie viel Gefühl vertragen zwei Herzen, bevor sie nicht mehr voneinander lassen können? So viele Fragen, die uns diese Nacht hier stellt und uns nach Antworten, nach Erleuchtung suchen lassen – doch zu zweit ist es etwas Schönes, nicht zu schlafen und zu forschen, sich zu küssen …

෨෴෪

Ich kann nicht rückgängig machen, was sie dir angetan haben. Doch ich kann dafür sorgen, dass es nie wieder passiert: dass du dich in Zukunft an mich lehnen kannst, wenn Dunkelheit und Schmerz nach deiner Seele trachten und du Furcht in deinem Herzen trägst und ganz alleine fechten und dich wehren musst …

ɛᗡ✧ᘉ

Für diejenigen, die immer an sich zweifeln, für die Menschen, die ihre wahre Schönheit verkennen und dem Glauben anhaften, nie gut genug zu sein. Für die Seelen, die die Herzen anderer pflegen wie tiefe Wunden und die alles dafür tun würden, um sie zufrieden und wohlauf zu sehen: Ihr seid es wert, so unendlich wert, geliebt und mit allem Glück dieser Welt beschenkt zu werden …

ɛᗡ✧ᘉ

Wir können nicht bestimmen, wann unsere Zeit gekommen ist: Doch wir können dafür sorgen, dass sie voller unvergesslicher Momente bleibt. Und wenn du bereits heute damit beginnen möchtest, dann komm zu mir und erlebe, was es heißt, geliebt und durch die Nacht geführt zu werden …

ɛᗡ✧ᘉ

Ich beherrsche dich nicht; ich laufe lediglich voraus und führe. Und wenn du mir nicht mehr folgen willst, steht es dir jederzeit frei, zu gehen und dich einem anderen Weg, einer neuen Erkenntnis zuzuwenden. Doch bis dahin bleibe ich die starke Schulter, an die du dich lehnen kannst in grauen Tagen und das Feuer, das dich wärmt in kalten Nächten – und zwinge dich zu nichts …

＄⬦ᘓ

Heute verstehe ich die Dinge, die ich damals nicht verstanden habe, heute habe ich die Geduld, die mir damals gefehlt hat – heute bin ich bestrebt, weniger zu reden und mehr zuzuhören. Und auch, wenn es lange gedauert hat, zu der Erkenntnis zu kommen, dass Schweigen oftmals Gold und Reden Silber ist, ist es noch nicht zu spät, zur Besinnung zu kommen und deinen Worten zu lauschen, wenn du mir erzählst, was dich berührt und lächeln lässt auf dieser Welt …

＄⬦ᘓ

Ich habe keine Angst, dass du mir zu nahe kommen könntest, gewiss nicht. Zumindest ist das die selbstbewusste, die zum Schein verfasste Version meines allgemeinen Befindens, meiner so lange Zeit unter Verschluss gehaltenen Gefühlswelt. Natürlich habe ich Angst, doch ich würde es niemals zugeben. Und ich weiß auch, warum: weil Nähe Verletzlichkeit bedeutet, weil Nähe anderen, vor allem dir, die Macht gibt, mir den Hauch des Lebens oder des Verderbens in meine Seele zu legen. Doch ich kann nicht von dir lassen, ich kann einfach nicht. Und so hoffe ich, dass du das Schwert, das ich dir überreiche, nicht missbrauchst und es zu meinem Nachteil einsetzt …

శు✧ఴ

Wenn du der Meinung bist, es würde reichen, dich vor mir auszuziehen, deine Hüllen fallen zu lassen und dich mir nackt zu präsentieren, dann muss ich dich leider enttäuschen: Wir alle tragen dieselbe Haut, dasselbe Weltenkleid, das uns durch die Leben trägt. Und wenn man es mal genau nimmt, ist das Ganze gar nicht so beeindruckend, wie viele meinen. Ob das heißen soll, dass ich dich nicht attraktiv finde? Keineswegs – doch bei der Annäherung zweier Seelen geht's um so viel mehr als um Äußerlichkeiten …

శు✧ఴ

Angst ist nichts, für das man sich zu schämen braucht. Jeder Mensch hat Angst, wirklich jeder: vor ganz unterschiedlichen Dingen, vor Situationen, die die Gegenwart, aber auch die Zukunft betreffen können. Und ab und an kommt es sogar vor, dass diese Ängste durch Erfahrungen aus der Vergangenheit, durch alte, nicht verheilte Wunden zustande kommen. Doch was auch immer es ist, das dich ängstigt und dich das Fürchten lehrt: du bist nicht alleine damit, bestimmt nicht. Und es hat nichts mit Schwäche zu tun, zu seinen Ängsten zu stehen, im Gegenteil. Aus Angst kann mitunter sogar Mut entstehen, an jedem neuen Tag – wenn man sie als Teil des Weges, des eigenen Ichs akzeptiert und erkennt, dass sie oftmals völlig unbegründet ist …

179

℘✧℃

Du musst nicht aufgetakelt und in Minirock und High Heels zu mir kommen, musst nicht deine gottgegebene Weiblichkeit ertränken in einem geschauspielerten Irrsinn und dich zur Schaufensterpuppe für mich degradieren. Mach dir keine Gedanken, komm einfach in zerrissenen Jeans und einem alten T-Shirt, mehr verlange ich nicht. Denn vergiss nicht: ich habe keine Ansprüche an dich, habe ich nie gehabt. Ich möchte einfach nur die natürlichste, die schönste Version deiner selbst bewundern – nicht irgendeine gekünstelte Fälschung …

℘✧℃

Wenn du gehen willst, dann lasse ich dich gehen: ohne, nach deiner Hand zu greifen. Weil ich weiß, dass du mich ohnehin wiederfinden wirst, dass du zu mir zurückkehren und mich lieben und mich küssen wirst – so, wie du es schon einmal getan hast. Und wenn es heute Nacht enden sollte, wenn du mich verlassen und mir den Rücken zudrehen solltest, weiß ich trotz der Traurigkeit in meinem Herzen, dass wir uns schon sehr bald wiedersehen und umarmen werden. Denn wir sind verbunden durch ein Band, das nicht sichtbar und doch stärker ist als alles, was Bestand hat auf dieser Erde …

ഔ✧ഇ

In meinem Leben habe ich Fehler gemacht, die mir so nie wieder passieren werden – und mich dennoch zu dem Menschen geformt haben, der ich heute bin. Und dafür bin ich von Herzen dankbar …

ഔ✧ഇ

Natürlich, das Äußere ist oftmals Einstieg in ein Techtelmechtel, in einen Tanz der Geschlechter, keine Frage. Doch ich bin der Überzeugung, dass ein Mann, der nicht wirklich dem Typus Brad Pitt entspricht, der nicht durchtrainiert und makellos durch das Leben geht, es jedoch versteht, die Seele einer Frau zu streicheln und zu berühren, stets bessere Chancen auf Erfolg haben wird als ein Kerl, der zwar einen Adonis-Körper sein Eigen nennen darf, doch auf Herzensebene keinerlei Connection zum weiblichen Geschlecht zustande bringt …

ഔ✧ഇ

Unsere Jacken riechen nach Schornsteinrauch und es ist zu kalt, als dass wir noch mit heruntergelassenem Fenster durch die Nacht fahren könnten, nachdem die Sonne sich der Dunkelheit ergeben hat – ja, der Herbst ist nun da, und der Sommer, meine Liebe, der hat sich schlafen gelegt, um sich auszuruhen und neue Kraft zu tanken …

Dass du dich an den Schmerz gewöhnt hast, heißt nicht, dass er dein ständiger Begleiter sein muss. Dass es dir im Hier und Jetzt, im Heute, schlecht geht, heißt nicht, dass das auch morgen so sein muss. Und wenn du verzweifelt und verloren auf dein Ende, auf deinen Niedergang wartest, so wisse, dass jedes Ende das Potenzial für einen Neuanfang, ein Wiederauferstehen beinhaltet – welches dich begrüßen möchte wie eine Mutter ihr Kind am ersten Tage …

Das, was du gibst, wird dir auch gegeben, das, was du nimmst, wird dir auch genommen werden. Also überlege gut, wie du auftreten, wie du dich präsentieren möchtest in dieser Welt: als raffgieriger, unredlicher Mensch, der es einfach nicht unterlassen kann, anderen das Ihre abzuluchsen, oder als großzügige Seele, die von Herzen gerne gibt und ihre Mitmenschen mit einem freudigen Lächeln anstandslos triumphieren sehen möchte. Liebe Menschen dieser Erde: werdet euch endlich bewusst darüber, dass ihr diesen ganzen materiellen Ballast nicht mitnehmen könnt von hier, dass es euch verwehrt bleiben wird, ein Schloss davon im Jenseits zu bauen. Das Einzige, was bleiben wird, sind eure Taten und die Art, wie ihr umgegangen seid mit euresgleichen …

སོ✧ཅ

Manchmal überlebt man nur, wenn man sich nicht aus dem Konzept bringen lässt und zurückfindet zu seiner ursprünglichen Stärke: wenn man begreift, dass es normal ist, auch mal aus der Bahn geworfen zu werden und sich zu verirren – wenn man sich vergegenwärtigt, dass selbst das größte Labyrinth einen Ausweg in die Freiheit bereithält …

སོ✧ཅ

Und wenn sie meinen, dir das Leben schwer machen zu müssen, dann erzähle ihnen ruhig von jenen Mächten, die dich schon von klein auf schützen – guten Göttern, die sie wahrlich nicht zum Feind haben möchten. Denn wie sollte es auch anders sein, als dass ein Wesen, das einst aus dem Licht auf diese Erde kam, nicht von höchster Stelle Schutz erfährt auf seiner Reise …

སོ✧ཅ

Ich kaufe uns ein Haus am Strand und ein Klavier, auf dem ich dir ein Ständchen spiele – zum beruhigend sanften Klang der Wellen, die, von Sehnsucht angetrieben, uns besuchen kommen und nach dem Rechten sehen und ob wir uns schon dahingehend entwickelt haben, nicht mehr hart und unbarmherzig ins Gericht mit uns selbst zu gehen …

Es gibt keine Niederlagen: nur Situationen, die uns stärker machen, die uns helfen, zu uns selbst zu finden und uns zu erheben wie ein Phoenix, der aus seinem Leid erneuert wird und sich verwandelt, um die Sorgen dieses Lebens zu besiegen – um sich selbst zu zeigen, dass es möglich ist, die Dunkelheit auf Erden zu verbannen und den Weg für Freiheit und Gerechtigkeit zu ebnen …

ᔓ✧Ა

Du bist du und dich gibt es nur einmal auf dieser Erde. Und wenn du versuchst, dich mit anderen zu vergleichen, ergibt das keinen Sinn, nicht im Geringsten. Es gibt so viele Sterne am Himmel, doch keiner leuchtet wie der andere, verstehst du? Denk daran, wenn du wieder einmal verzweifelt und im Unreinen bist mit dir und dich nicht traust, deinen wahren Wert zu erkennen – weil du glaubst, du hättest nicht das Recht, im Licht zu wandeln …

ᔓ✧Ა

Den Sommer, den ich mit dir verlebt habe, die Tage voller Abenteuer, Lust und Freude, die wir miteinander ausgekostet und genossen haben, werde ich auf ewig in meinem Herzen tragen – und wenn eine andere mit deinem Parfüm auf ihrer Haut im dichten Menschengedränge an mir vorbeihuscht, hoffe ich doch jedes Mal insgeheim, dass du es bist …

ഇ✧ഏ

Unfassbar, dass die schönsten Menschen meinen, sie seien hässlich oder weniger wert als andere – und das nur, weil es ihnen lange genug eingeredet wurde. Dabei bist du alles andere als das, im Gegenteil: Du bist das Licht der Sonne und der Kuss des Frühlings, bist das Wunder, das uns Gott in seiner Güte zeigen und uns näherbringen möchte. Und vergiss nicht, dass das Lächeln deiner Mitmenschen der beste Beweis hierfür ist …

ഇ✧ഏ

Es gibt keinen rechtsgültigen Besitzanspruch auf einen Menschen. Es gibt nur den gegenwärtigen Augenblick, der gelebt und ausgekostet werden möchte. Nichts ist unter Kontrolle, nichts ist sicher – doch alles möglich …

ഇ✧ഏ

Du musst nicht immer Opfer bringen, musst nicht immer alles über dich ergehen und dich immerzu ins Abseits drängen lassen. Du hast deinen Platz auf dieser Welt zu Recht für dich beansprucht und bist nicht verpflichtet, es anderen zuliebe sein zu lassen, deinen Träumen nachzujagen. Du bist ein selbständiges Wesen mit ganz individuellen Bedürfnissen und Wünschen – und die Erfüllung derselbigen sollte deine oberste Priorität sein …

Wenn du mich besuchen willst, dann leg dich hin und schließ die Augen. Tu es recht bald und warte nicht: denn meine Seele ist erfüllt von großer Sehnsucht, weil du weit entfernt und nicht bei mir, an meiner Seite weilst und wir nicht fühlen und erleben dürfen, was zwei Herzen eint und ihnen Zärtlichkeit und Freiheit schenkt – außer, wir durchwandern Hand in Hand die Welt der Träume …

ဆာ✧ဗ

Ich bin dir in dieses Leben gefolgt, um dich zu beschützen und dir eine Stütze zu sein in dieser schweren Zeit. Denn ich sehe es als meine heilige Pflicht, meinem Versprechen treu zu bleiben – nämlich dem, die Unversehrtheit deiner Seele bis zum Schluss hin zu gewährleisten …

ဆာ✧ဗ

Das Loch, in das ich gefallen bin, ist zu tief, als dass man mich daraus befreien könnte. Doch das kümmert dich recht wenig: Denn du weißt, dass deine Liebe stark genug ist, um mich zu beflügeln und mir jene Kraft zu leihen, die mir bisher fehlte, um dem kalten dunklen Grab, in das ich einst gestürzt bin, zu entgehen und mich zu erheben …

꧁✧꧂

Wir wissen beide, dass wir mehr sind als nur Freunde, wir wussten es am ersten Abend schon. Und jetzt tun wir so, als sei das zwischen uns gar nie passiert, als wären wir zwei Fremde, die nur kurz einander wärmten und sich danach trennten. Dabei sind die Gefühle, die wir füreinander hegen, schlicht zu groß, als dass wir sie noch leugnen könnten – und die Liebe, die wir ineinander fanden, viel zu heilsam, um sie von der Hand zu weisen …

꧁✧꧂

Viele wollen tanzen, doch besitzen keinen Rhythmus, kein Taktgefühl. Bei dir weiß ich, dass du all das in dir trägst und mir geschmeidig nachfolgst. Seelentango im Sonnenschein geistiger Wiederauferstehung – weil wir uns frei sein lassen wie Federn, wie Wolken im Wind …

꧁✧꧂

Wenn du im Dunkeln stehst und keiner dich erkennt: Ich sehe dich. Wenn sie eine oberflächliche, herzerfrorene Bitch in dir vermuten, wenn sie dich verkennen und an dir vorbeischauen: Ich spüre und verstehe dich – und weiß, dass all das, was du wie Make-up um deine Seele trägst, nur dazu dient, um dich zu schützen, um die bösen Buben draußen und die Liebe drinnen zu halten …

Ich möchte dir eine Rose schenken, die als Zeichen meiner unerschöpflichen Liebe dienen und dir zeigen soll, wie rein, wie unverfälscht meine Gefühle dir gegenüber sind: auch, wenn sie nicht ansatzweise ausdrücken kann, wie sehr du mir ans Herz gewachsen und ein Teil von mir geworden bist. Und zu guter Letzt noch ein Kuss auf deine Wange, auf deine Seele: damit du dich erinnerst, wie verbunden wir einst waren in der Zeit, die so lange vor dem Jetzt uns vereinte und verzauberte – und es bis heute noch tut …

৪৩✧ন্দ্ৰ

Du bist kein schlechter Baum, du bist nur in einem schlechten Umfeld gewachsen. Und es ist nicht deine Schuld, dass du geschlagen und getreten wurdest. Vergiss nicht: Du bist nun alt genug, um zu begreifen, dass es nicht mehr nötig ist, dich weiter selbst zu strafen – dass der Regen nun endlich kommen und dich wachsen und gedeihen lassen darf …

৪৩✧ন্দ্ৰ

Im Schlaf erzählst du mir von deinen schweren Schlachten, von deinen verlorenen Kämpfen: Und ich reise in deine Vergangenheit, um die Wurzel allen Übels aus deiner Geschichte zu reißen und dich heil und unversehrt zu machen – weil ich möchte, dass du frei und unbeschwert dein Leben genießen kannst …

ﾐ✧ﾑ

Ich denke nicht in Begrifflichkeiten wie Schuld und Sühne. Bei mir gibt's nur das unstillbare Verlangen nach Liebe und Leidenschaft, nach ultimativer, seelischer Freiheit. Das Leben ist zu kurz, um sich ständig selbst davor zu bewahren, Fehler zu machen. Und wenn sie geschehen, dann lernen wir eben daraus und wachsen und entwickeln uns. Es ist ganz einfach unser Geburtsrecht, da rauszugehen und drauflos zu leben. Und genau das tue ich jetzt - kommst du mit?

ﾐ✧ﾑ

Ich habe sie auf derart betörende Art und Weise berührt in jener Nacht, dass sie mich gefragt hat, ob ich denn wirklich derselbe Mann sei, den die Welt dort draußen zu sehen bekommt. Meine Antwort war natürlich ›ja‹: denn meine Feinde, die Hyänen, die im Schatten auf meine Seele lauern, dürfen keine Schwäche in mir, in meinem Handeln erkennen. Wenn ich jedoch mit den Menschen bin, die es gut mit mir meinen und mich lieben, bin ich stets bestrebt, meine Rüstung abzulegen und mich hinzugeben …

ﾐ✧ﾑ

Ob dein Weg der richtige ist, wirst du wohl erst im Nachhinein erfahren – doch wenn dein Herz dir sagt, dass er es wert ist, beschritten zu werden, kann er gar nicht falsch und nur ein Teil von dir, von deiner Seele sein …

၏ ✧ ୨୧

Jedes Mal, wenn du dich selbst verletzt, wenn du dir
wehtust und dein Herz verleumdest, siegen die, die
dich in Niedertracht getreten und die dich verraten
haben: weil du dich dem Willen beugst, der ihrem
bösen Geist entsprungen ist und der dich daran hin-
dern möchte, wahres Glück zu finden und den Wert,
den du auf Erden trägst, zu sehen und zu leben. Bitte
denk daran, wenn du das nächste Mal im Schilde
führst, dir und deinem Herzen Schaden zuzufügen –
aber tu es liebevoll, bedacht und nicht mit Schuld-
gefühlen …

၏ ✧ ୨୧

Ich nenne dich nicht ›Liebes‹ und auch nicht
›Schätzchen‹, ich erzähle dir nicht irgendeinen un-
realistischen Unsinn und vertröste dich nicht auf ein
besseres Morgen: weil ich weiß, wie es sich anfühlt,
wenn man gefüttert wird mit leeren Versprechungen,
die sich ja doch nicht bewahrheiten. Doch eines kann
ich dir ganz sicher sagen: dass ich bis zu meinem
letzten Atemzug für dich kämpfen und dich beschüt-
zen, dass ich dich in Ehren halten und verteidigen
werde – weil du der einzige Mensch auf Erden bist,
der meine Kerze zum Brennen gebracht hat in einer
Dunkelheit, die mein Leben in Besitz genommen hat
…

Irgendetwas sagt mir, dass es nicht sehr weise wäre, dich heute Nacht allein zu lassen. Und vielleicht ist es sogar die Stimme deines Herzens, die mich leise zu dir lotst und die es gut mit uns und uns'ren Seelen meint und sich so sehnlich wünscht, dass wir mehr auf dieser Welt erleben, als nur unseren Job zu machen und am Abend tot ins Bett zu fallen – weil es nicht das Leben sein kann, sich zu plagen, ohne Glück zu spüren und vereinsamt auf das Ende, auf den letzten Tag zu warten. Und so lass uns hören auf das Flüstern, das uns eint und uns zusammen siegen, uns gewinnen sehen möchte …

ↄ✧ↄ

Ich suche dich, ich suche dich noch immer: nach so vielen Jahren, zwischen hunderttausend Menschen, zwischen all den Händen, die mich an sich zieh'n und nach mir greifen, mich berühren möchten. Und sie tun es zärtlich, tun es sanft und wohlgesonnen – doch sie tun es niemals so, wie du es tatest. Denn ich weiß, dass etwas fehlt dabei: das, was du allein mir geben kannst und was mich spüren lässt, dass all der Kampf in meinem Leben nicht umsonst gewesen ist und ich verdientermaßen Frieden finden darf an deiner Seite. Und so warte ich auf deine Liebe, dein Erscheinen und dein Herz ganz nah an meinem …

Mein in Kerzenschein getränktes Reich der Sehnsucht, meine nicht gelebten und doch bald erreichten Träume – meine aus dem tiefsten Brunnen meiner Seele hochgehob'nen Worte, die dein Herz bezirzen und es nicht erfrieren lassen. Und der starke Wunsch in meinem Herzen, dass es gut bleibt mit uns beiden und uns Liebe für die Ewigkeit vergönnt ist auf der Erde …

ꙮ ✧ ꙮ

Die ›perfekte Frau‹ muss nichts Großartiges darstellen, muss nichts Wundersames tun oder vollbringen. Sie kann getrost sie selbst sein und muss sich nicht verstellen oder als etwas ausgeben, das sie gar nicht ist in Wirklichkeit. Denn der ›richtige Mann‹, derjenige, der das Licht in ihren Augen erkennt, wird sich ohnehin nicht ihres Zaubers erwehren können – und es auch nicht wollen …

ꙮ ✧ ꙮ

Hilf anderen im Verborgenen, nicht im großen Rampenlicht, um dich in den Vordergrund zu stellen und zu profilieren. Denn beim Helfen geht es um eine zweiseitige Wechselwirkung, einen auf dem Fundament guter Absichten begründeten Energieaustausch zweier Seelen – nicht um die Involvierung der halben Welt in jene Geschehnisse …

Ich werde niemals müde werden von den Liedern, die du für mich singst, werde niemals angeödet sein von all den Worten, die du zu mir sprichst und mit mir teilst. Und ich werde niemals die Anmut, die dir innewohnt, verkennen und sie schmälern, nein: Ich werde dich so lange daran erinnern, dass du beseelt bist vom Licht der Liebe und der Güte Gottes, bis auch du den Wert in dir erkennst und wieder klaren Herzens bist und frei und unbekümmert sein kannst …

꧁✧꧂

Mach dich nie über einen Menschen lustig, der einsam ist: sei stattdessen dankbar, dass die Einsamkeit deinen Alltag nicht ereilt hat, und erfreue dich der Menschen, die dein Leben lebenswert und bunter machen. Mach dich nie über einen Menschen lustig, der in Krankheit leidet: Sei lieber dankbar, dass das Leben dir Gesundheit schenkt und hilf den Kranken, auf den Weg der Heilung zu gelangen. Mach dich generell über keinen Menschen lustig. Denn auch du willst nicht, dass jemand mit dem Finger auf dich zeigt und dich mit Bosheit straft und dich verlacht. Bleib stets respektvoll und bescheiden, heb nicht ab und denke nicht, dass du etwas Besseres seist – nur, weil du stärker, reicher oder was auch immer bist als andere …

Du bist mehr der Verdrängungs- als der Darüberreden-Typ, bist mehr der Mitsichselbstausmacher als ein Mensch, der anderen zur Last fällt. Doch du fällst mir nicht zur Last, kein bisschen. Und ich höre dir so gerne zu und lausche dem, was aus deiner Seele zu mir dringt – um meine Schlüsse daraus zu ziehen und dir zu helfen …

Uns auf einen Menschen nicht einzulassen, weil er wieder gehen und verschwinden könnte, weil er uns verletzen könnte, ist in etwa dasselbe, als würden wir aus Angst vor einem Motorschaden kein Auto mehr kaufen und lieber die Anstrengung des Zufuß-gehens auf uns nehmen. Morgen schon könnten wir in einem kalten Sarg aus Eichenholz liegen – so what? No risk, no fun …

Man sagt, das Leben sei kein Wunschkonzert. Nun, ich weiß nicht, ob das wahr ist. Doch ich weiß, dass ich dir das größtmögliche Wohlergehen auf Erden wünsche und dass du das Glück deines Lebens wie-derfindest: mit der Erkenntnis, dass du auf diese Welt gekommen bist, um ihr ein Geschenk und nicht ein Klotz am Bein, eine Last zu sein, wie du fälschlicherweise geglaubt hast bis hierher …

Nur der Mond darf teilhaben an unseren Berührungen, nur den Sternen ist es heute Nacht gestattet, uns auf unserem Tauchgang hinab auf den Grund einer Liebe zu begleiten, die sich, obwohl wir gänzlich nackt und unbekleidet sind, stets in neuen Gewändern vor uns präsentiert und uns in den Schlaf, den wohlverdienten Schlaf streichelt …

৪০✧৪৪

Ginge es nach mir, so würden wir auf ewig beieinander liegen und kein Wecker dieser Erde wäre laut genug, um uns zu trennen. Und wenn wir gemeinsam uns're Augen schließen, finden wir uns wieder in den Weiten eines Sommers, der kein Ende kennt und sich nicht fangen lässt vom Herbst und seinen kalten Winden …

৪০✧৪৪

Baby, du musst jetzt stark sein und mir vertrauen, musst mich den Weg durch die Nächte dieser Welt für uns finden lassen und ein Anker sein in dunklen Stunden für mein von Leidenschaft geführtes Männerherz: kurz gesagt, eine Frau, die alles für mich geben würde, weil auch ich mein Leben für sie ließe. Dann werden wir bestehen und jede Sehnsucht, die uns innewohnt, als wahrgeworden in das Geschichtsbuch unseres Lebens schreiben ...

☙ ✧ ❧

Der Ausbruch aus dieser Hölle wird unser Meister-stück, unser absoluter, unanfechtbarer Geniestreich – und in Tausenden von Jahren werden sie sich noch Geschichten davon erzählen und uns in Ehren halten, uns Liebe und Dankbarkeit senden in die Sphären, in denen wir dann wandeln und Ausschau halten nach neuen Heldentaten, die nach Verwirklichung verlangen …

☙ ✧ ❧

Da der Herr sie aus Versehen zu gutmütig erschaffen hat, hat er, als sie bereits auf dem Weg auf diese Erde war, geschwind noch ihren Verstand zu hoch dosiert: als Ausgleich und als Schutz vor bösen Buben, die nur dunkle Spiele mit ihr spielen und ihr schaden wollen …

☙ ✧ ❧

Es war ein harter Tag für dich: Deine Kollegen sind dir auf den Geist gegangen und zu allem Übel muss-test du auch noch länger bleiben. Und als ob das nicht gereicht hätte, ist dir auch noch so ein Typ ge-gen dein Auto gefahren – alles in allem ein ›erfolg-reicher‹ Tag, keine Frage. Aber weißt du, was wir zwei jetzt machen? Wir legen noch ein wenig Holz in den Ofen und ruhen uns so lange vor dem Feuer aus, bis wir eingeschlafen sind und ein neuer Tag uns die Chance auf einen Neuanfang in die Hände legt …

ဗ⋄ฌ

Es mag ein Leichtes sein, in Gedanken, in der Fantasie zu lieben. Doch im echten Leben, in der Praxis, ist das etwas völlig anderes: dafür braucht es schon echte, gestandene Männer und Frauen mit Herzen aus Gold …

ဗ⋄ฌ

Du hast mir von hinten in den Rücken geschossen, doch die Kugel hat mein Herz verfehlt und ist vorne wieder ausgetreten. Und das Sonnenlicht hat meine Wunde, meinen Schmerz verheilen und die Erinnerung an dich verblassen lassen …

ဗ⋄ฌ

Roter Wein und sanfte Küsse, sanfte Worte, die den Raum erfüllen, ihn in warme Farben tauchen – und inmitten aller Zärtlichkeit wir beide, die ein leises Lied von Frohsinn und der Leidenschaft des Lebens singen …

ဗ⋄ฌ

Eine Welt, in der wir Angst und Unmut fallen lassen, in der alles Leben, das uns abgesprochen wurde, auf von Sommerzauber eingehüllten Blumenwiesen vor uns liegt und darauf wartet, von uns umarmt und in Besitz genommen zu werden: Diese möchte ich mit dir erschaffen, meine Liebste …

Du singst meine Dämonen in den Schlaf, damit sie ruhen und sich endlich betten dürfen – und ich danke dir dafür, dass du nicht weggegangen und verschwunden bist wie all die anderen, die nur so lange bei mir geblieben sind, wie ich nützlich war für sie und mich geschunden und geopfert habe, ohne auf mich selbst, auf meinen vorgezeichneten Weg auf Erden zu achten und ihn zu verfolgen …

∞✧∞

Ich bin der Wolf, der seinen Mond anheult, du die Muse, der ich all mein Schaffen widme, die mein Kompass ist durch Nacht und Nebel – danke, dass du mit mir bist auf meinen Wegen …

∞✧∞

Ich lache nicht oft, es ist wahr. Doch wenn ich es mal tue, kannst du sicher sein, dass es nicht vorgetäuscht oder gekünstelt ist: so, wie es bei vielen Menschen der Fall ist, die ihr wahres Ich verstecken und sich nicht zu zeigen trauen in der Welt der Unwahrheiten und der Lügen. Denn was ich kreiere auf dieser Erde, das vollführe ich mit ganzem Herzen und das spricht aus mir und handelt mit 'ner Leidenschaft, die tausend Seelen so nicht leben könnten – mit voller Kraft voraus und einer ordentlichen Portion Liebe als Ass im Ärmel …

❧ ✧ ☙

Dass ich immer wieder aufgestanden bin und mich befreit habe von meinen Ketten, dass ich mich niemals der Dunkelheit hingegeben und zu jeder Zeit erhoben habe, auch wenn wenig Hoffnung und Erlösung mir in Aussicht standen – dass ich, trotz der Pein in meiner Seele und der Splitter, die ihr zugesetzt und sie verwundet haben, doch noch das, was ich so sehnlich mir erträumte, für mein Herz gewinnen und erobern konnte: Das will ich mir sagen können, wenn der Vorhang sich zum letzten Mal mit Geigenklängen schließt und ich dies Leben hier verlasse …

❧ ✧ ☙

Du gibst zu viel, ich merke es ganz deutlich. Und das so lange, bis es dich erschöpft und auslaugt, bis da kaum mehr Kraft in deinem Herzen ist für deine Träume, die dich durch die Nächte leiten und dich führen möchten, bis du angekommen bist bei dir und deinem Herzen. Und auch wenn du es nur gut meinst, schwächt es dich doch sehr, ein Sprungbrett für die Menschen um dich herum zu sein, die, trotz all der Freundlichkeit, die sie dir entgegenbringen, nicht auf dein Bedürfnis nach Entfaltung und dein Wohlergehen achten. Also vertraue mir, wenn ich dir sage, dass es Zeit ist, an dich selbst zu denken und den Raum, den du für dich und für dein Wachstum brauchst, nun einzufordern und dir das zu nehmen, was dir zusteht und was Gott dir schenken möchte …

Wir beide im Riesenrad: an einem dieser lauen Sommerabende, die weit entfernt und doch so greifbar nah erscheinen in unserer Vorstellung – spürst du ihn, den warmen Wind auf deiner Haut, in deinem Haar?

෨❖ଓ

Was ich sage, was ich tue, das hat Hand und Fuß und ist erfüllt von einer Kraft, die fern des Irdischen liegt. Und wenn ich hinter dir stehe und meine Hände auf deine Schultern lege, lasse ich diese Kraft in deinen Körper, in dein Herz und deine Seele strömen …

෨❖ଓ

Wir fühlen nicht ›ein wenig‹, so etwas können wir gar nicht. Wir fühlen derart stark und intensiv, dass es uns fast aus den Latschen haut – dass wir uns aneinander festhalten müssen, wenn wir die Lippen aufeinanderlegen und uns küssen …

෨❖ଓ

Du wirst schon sehr bald die Heilung erfahren, die du verdient hast, auf dieser weltlichen, von Freud und Leid durchdrungenen Ebene in Besitz zu nehmen – und wenn es auch noch etwas dauern mag, so ist es doch in Stein gemeißelt, dass du bestehen und dich erheben, dass du den Staub des Vergangenen von dir streifen und dich erneuern wirst …

Ich fühlte mich so außerirdisch, als ich unter ihnen ging und wusste nicht, weshalb ich hier bin und warum kein Mensch versteht, wie ich mich fühle – doch dann fand ich dich und war das erste Mal in meinem Leben sicher, dass der Platz auf Erden hier vorherbestimmt ist für mich und ich dem Glück nicht ganz egal bin …

༝✧༝

Und obwohl ich dir so oft schon durch die Hoff-nungslosigkeit der Welt gefolgt bin und dich nicht erreichen, nicht berühren konnte, mache ich doch weiter und verzage, nein, verrate mich und meine Sehnsucht nicht – bis wir uns umarmen und uns lieben dürfen, wie wir es in uns'ren kühnsten Träumen nicht zu hoffen wagten …

༝✧༝

Ich bin immer da, bin wie ein Rabe, der ein Auge auf dich wirft und dich vor Sorgen und vor Kummer schützt – und verwandle mich in einen Wolf, wenn du von Dunkelheit umgeben und bedrängt wirst von den Wesen, die aus kalten Nächten in die Hallen deines Herzens kommen und dich daran hindern möchten, deinen Pfad zur Selbstbefreiung zu erfahren und ihn auf der Welt zu gehen …

Es ist nicht schwer, ein »Ich liebe dich« über die Lippen gleiten zu lassen, ist nicht schwer, dem Gegenüber weiszumachen, dass man immer da sein wird und nie verschwindet, wenn es brenzlig und mal ungemütlich wird. Doch was Treue und auch Herz erfordert, ist die Einhaltung von dem, was man versprochen und mit Schmetterlingen im Bauch gelobt hat, umzusetzen und zu schaffen …

Wenn ich bei dir bin, möchte ich wissen, was dich bedrückt, was dich aufwühlt und begeistert. Ich möchte kein »Wie geht's« und dann in Oberflächlichkeit verlorengehen. Ich will wissen, was dich ausmacht und geformt hat, was dich lieben und auch leiden lässt – und bin bei dir, wenn du dich dem Kampf um deine Seele stellst und ihn gewinnst …

»Ich wollte soeben die Notbremse ziehen und mich aus diesem Leben verabschieden.«
»Verabschieden? Jetzt geht's erst richtig los.«
»Losgehen?«
»Lehn dich einfach an mich und sieh selbst. Und noch bevor die Nacht ihre Hände ausstrecken und die Sonne in ihre Arme schließen kann, werden wir bereits sicher sein vor den Gefahren dieser Welt.«

৪৩✧ୡଔ

Wenn ich meine Worte mit dir teile, möchte ich, dass sie dich treffen. Nicht wie ein Projektil aus einer Waffe, nein: wie ein warmer Lichtstrahl, der das Dunkel deines Daseins durchdringt und dich zum Nachdenken bringt über eine nicht für möglich gehaltene Heilung, die auf dem Weg in dein Leben ist …

৪৩✧ୡଔ

Liebe heißt, keine leeren Versprechungen zu machen, Liebe heißt, sein Wort zu halten und zu dem zu stehen, was man sagt und tut – Liebe heißt, dass du es mir wert bist, dass ich dir die Wahrheit schenke und dich nicht mit Lügen, mit falschen, erfundenen Illusionen vertröste …

৪৩✧ୡଔ

Ich wollte dir nur sagen, dass ich da bin und auf deine Seele achte – auch auf die Gefahr hin, dass ich selbst dabei verlorengehe und den Weg zurück nicht finde. Und wenn du nicht mehr weiterweißt und weinst, so denke stets daran, dass ich bis in alle Ewigkeit auf dich und deine Liebe warten und dich zart berühren werde: auf der and'ren Seite dieser Welt und ihrer Grausamkeit, auf der Bühne eines Traumes, der dich wärmt und dich erhört, wenn du die Augen schließt und dich dem Schlaf hingibst …

꿈✧꿈

Die Vergangenheit soll brennen wie ein Scheitholz, das vom Feuer verschlungen wird – und aus ihrer Asche soll etwas unbeschreiblich Wundervolles entstehen …

꿈✧꿈

Trau dich, wirf einen Anker in deine Zukunft und trage die Vision deines gewünschten Ichs beständig im Herzen – und das Leben wird dir genau das liefern, was du bestellt und dir vorgestellt hast …

꿈✧꿈

Manchmal müssen wir erst verbrennen und zu Staub zerfallen, bevor wir auf völlig neue Art und Weise wiedergeboren werden dürfen – drum sei dankbar, heute Nacht in Flammen stehen zu dürfen, und sorge dich nicht um morgen ...

꿈✧꿈

Dein Ist-Zustand bestimmt nicht deine Zukunft, dein restliches Leben. Das, was gerade geschieht, wie belastend es auch sein mag, wird nicht für immer andauern. Und auch wenn du es nur sehr schwer glauben kannst, so ist das Leben doch jeden Augenblick dabei, sich zu verändern: und zwar zum Guten, mein Gott, ja, zum Guten …

꧁✧꧂

Und dann sah ich ihn: den Mann mit dem verbrannten Gesicht, inmitten all der Menschen. Und mit einem Mal wusste ich, dass es an der Zeit war für mich, mein Haupt wieder dem Licht und seiner heilsamen Wärme zuzuwenden. Dass ich mich von nun an weniger beschweren und dankbarer sein sollte für mein Leben und die kleinen, aber feinen Geschenke, die es mir in die Hände legt an jedem neuen Morgen. Und warum? Weil es Menschen gibt, denen es schlechter geht als mir, die mit unheilbaren Wunden durch dieses Leben gehen und trotz allem das Beste daraus machen …

꧁✧꧂

Du wirst noch sehr viel weinen in Zukunft, das kann ich dir jetzt schon sagen: und zwar vor Glück und Freude. Und wenn du den Eingang zu deinem Herzen wiedergefunden hast und mich bei dir haben möchtest, werde ich nicht zögern und dir Gesellschaft leisten auf deiner Reise durch die Tage voller Sonnenschein und Liebe …

᪲ ✧ ᪲

Und zum Schluss sollst du noch wissen, dass du zählst, dass du bedeutsam und nicht wegzudenken bist von dieser Erde, die erst dann zur Ruhe kommen darf, wenn du ihr ein Stückchen deines Herzens in die Hände legst und sie umarmst. Und auch wenn kein Wind durch deine Segel streicht, so nimm das Ruder deines Lebens in die Hände und sei selbst der Antrieb, der dich zum Horizont, zum Leuchtturm deiner Hoffnung trägt und dich gewinnen, dich bestehen lässt – denn nur du alleine weißt, was gut und dienlich, was von Vorteil ist für dich und dir zum Sieg, zum finalen Flügelschlag ins Licht verhilft …

Danksagung

Ein herzliches Dankeschön an Angela Hochwimmer, die ein aufmerksames Auge auf mein Werk geworfen und es mit dem Geist gekonnten Lektorats versehen und verbessert hat. Auch Uwe Köhl und Barbara Bär von Bookunit möchte ich an dieser Stelle nicht vergessen: danke für die versierte Hilfe beim Erstellen des Layouts und des Covers.